SUTTON
VERLAG

Weihnachtsstimmung in Salzburg. Maria, das Jesuskind
und Engel am Mönchsberg mit dem Blick auf die Altstadt
von Salzburg mit dem Dom und der Burg Hohensalzburg,
Weihnachtspostkarte um 1950.

Karl Zillinger

Salzburger Weihnacht

SUTTON
VERLAG

Für Christina, Erika und Karl

»Vom Himmel hoch, da komm ich her«,
eine Weihnachtskarte um 1910.

Sutton Verlag GmbH | Hochheimer Straße 59 | 99094 Erfurt
Verlagsrepräsentanz Österreich | Obkirchergasse 21/7 | 1190 Wien
www.suttonverlag.de | www.suttonverlag.at
Copyright © Sutton Verlag, 2013
ISBN: 978-3-95400-206-1 | Druck: CPI books GmbH, Leck

INHALTSVERZEICHNIS

Fröhliche Weihnachten! – Deutschland
Happy Christmas! – England
Merry Christmas! – USA
Joyeux Noël! – Frankreich
Feliz Navidad! – Spanien
Feliz Natal! – Portugal
Buon Natale! – Italien
Prettige Kerstdagen! – Holland
Wesolych Swiat! – Polen
God Jul! – Schweden
Sretan Bozicj! – Bosnien
Glaedelig Jul! – Dänemark
Hyvää Joulua! – Finnland
God Jul! – Norwegen
Sretan Bozic! – Kroatien
Gleöileg Jöl! – Island
Linksmu Kaledu! – Litauen
Streken Bozhik! – Mazedonien
Mutlu Noeller! – Türkei
Kellemes Karäcsonyt! – Ungarn
Shinnen omedeto! – Japan
Geseende Kerfees! – Afrikaans
Kala Christougenna! – Griechenland

VORWORT

Wenn von Salzburg in der Weihnachtszeit die Rede ist, denke ich an meine ersten Besuche vor nunmehr 30 Jahren. Salzburg, die Stadt der Musik, lässt gerade auch zu Weihnachten diese Tradition hochleben. Das Adventsingen mit dem Salzburger Volksliedchor, eine Aufführung der Salzburger Hirtenkinder und eine szenische Darstellung der Herbergssuche sind mir noch in lebhafter Erinnerung. Am stimmungsvollsten war für mich die heilige Messe am 24. Dezember in Oberndorf bei Salzburg. Noch nie habe ich das Weihnachtslied »Stille Nacht, Heilige Nacht« mit solch einem Ausdruck gehört. Die Atmosphäre ist beeindruckend. Kein Teilnehmer dieser Messe wird diesen Heiligen Abend je vergessen.

Heute komme ich als staatlich geprüfter Fremdenführer im Advent oft mit Touristengruppen nach Salzburg. Die Stimmung der verschneiten Altstadt, der Friedhof St. Peter und der Christkindlmarkt rund um den Dom sind für meine Gäste aus nah und fern wie für mich ein besonderes Erlebnis. Die Kombination aus altem mythologischem Brauchtum, katholischer Tradition und moderner Weiterentwicklung hat Weihnachten in Salzburg zu einem einzigartigen Kulturerbe werden lassen. Die Salzburger Küche hat mit ihren Rezepten zur stillsten Zeit des Jahres großen Anteil daran. Im Mittelpunkt steht, trotz der heute hektischen Zeit, die Geburt des Erlösers Jesus Christus. Gerade im religiös geprägten Salzburg erlebt man diese Bedeutung eindrucksvoll. Für die Menschen ist das Brauchtum ein wichtiger Bestandteil ihres Lebens und nicht nur Folklore oder Touristenattraktion. Daher sind in Salzburg gerade in letzter Zeit neue Kulturvereine entstanden, in denen viele Jugendliche die Tradition ihrer Vorfahren weiterführen.

In diesem Buch möchte ich einige der Salzburger Advent- und Weihnachtsbräuche, Rezepte und Gedichte zusammentragen und so die Tradition von Weihnachten in Salzburg beschreiben. Diese wurde von verschiedenen Kulturen beeinflusst und hat sich insbesondere im 19. Jahrhundert zu ihrer heutigen Form verfestigt.

Das Bundesland Salzburg ist mit seinen diversen Regionen und Tälern auch in seinem weihnachtlichen Brauchtum unterschiedlich geprägt. In der Stadt Salzburg stehen die Bürger neuen Gewohnheiten oft offener gegenüber, während die Salzburger Familien in den Alpentälern am längsten den alten Gepflogenheiten treu geblieben sind.

Ich lade Sie ein, dem Geheimnis des ersten Weihnachtsbaums in Salzburg, dem Adventsingen, der Tradition der Raunächte und dem vielfältigen Brauchtum rund um Weihnachten in den letzten 100 Jahren aus allen Regionen Salzburgs nachzuspüren.

In diesem Sinne wünsche ich Ihnen ein frohes und gesegnetes Weihnachtsfest. Auch dieses Buch möge dazu beitragen.

Karl Zillinger, Salzburg und Wien, im Herbst 2013

Der traditionelle Perchtenlauf von Bad Gastein nach Bad Hofgastein. Eine Postkarte aus dem Jahr 1974.

I.

ADVENTSINGEN UND CHRISTKINDLMARKT

DIE ADVENTZEIT

Im Advent
Rainer Maria Rilke

Es treibt der Wind im Winterwalde
die Flockenherde wie ein Hirt,
und manche Tanne ahnt, wie balde
sie fromm und lichterheilig wird,
und lauscht hinaus. Den weißen Wegen
streckt sie die Zweige hin – bereit,
und wehrt dem Wind und wächst entgegen
der einen Nacht der Herrlichkeit.

Am 25. November, dem Tag der heiligen Katharina, setzte man in vielen Vereinen den letzten Tanzabend, den sogenannten Kathreintanz, an. Volkstümlich heißt es, »Katharina sperrt den Tanz ein«, denn streng nach christlicher Tradition fanden bis zum Weihnachtsfest keine Vergnügungen mehr statt. Die weihnachtliche Fastenzeit bezog sich also nicht nur auf kulinarische Genüsse, sondern auch auf das Tanzvergnügen und andere Belustigungen. In Salzburg ist die Tradition der Kathreintänze sehr lebendig. Drei Wochen vor dem 25. November ist für die Salzburger Volkstänzer jedes Wochenende Hochsaison. So findet zum Beispiel in Leogang ein Kinderkathreintanz statt, in der Stadt Salzburg laden die Arbeitsgemeinschaft Volkstanz und das Volksliedwerk ins »Müllner Bräu« zum Tanz und im Innergebirg, das heißt in den Salzburger Alpentälern im Gebirge, spielt die örtliche Tanzmusik in Saalfelden im »Congress Saalfelden« auf.

Advent, Advent, ein Lichtlein brennt
VOLKSTÜMLICH

Advent, Advent,
ein Lichtlein brennt!
Erst eins, dann zwei, dann drei, dann vier,
dann steht das Christkind vor der Tür!

Das Hirtenfeld bei Bethlehem, eine Weihnachtskarte um 1950.

◀ *Ein traditioneller Fixpunkt der Volkstanz-Hochsaison ist das Werfener Kathreintanzfest im Festsaal Tenneck. Neben zahlreichen Tanzgruppen des veranstaltenden Heimatvereins D'Hohenwerfner traten in den letzten Jahren die Weiberhäuslmusi, der Hubertus-Dreigesang und die Pongauer Almhornbläser auf.*

Gänseleberpastete

Zutaten:

500 G	GÄNSELEBER
250 G	SPECK, DURCHZOGEN
2	ZWIEBELN
	SALZ, PFEFFER, SENF, PIMENT, ZIMT,
	RIBISELMARMELADE

Zubereitung:
Den Speck in Stücke schneiden und anbraten. Die Gänseleber und die fein gehackten Zwiebeln dazugeben und mitbraten. Die Masse pikant würzen. Alles passieren und in eine Form füllen.

Zubereitungszeit:
über Dunst etwa 40 Minuten kochen.

ZU MARTINI VERLASSEN DIE TIERE DIE ALMEN, DAS KASMANDLFAHREN BEGINNT

Wenn Mensch und Tier zu Martini am 15. November die Almen verlassen, machen sich nach alter Überlieferung die Kasmandl in den Almhütten breit und verlassen diese erst, wenn ab dem Frühjahr die Almen wieder besiedelt werden.

So berichten viele Sagen im Alpenraum vom sogenannten Kasmandlfahren. Dieser Einzug der Kasmandl wird heute noch in etlichen Orten des Lungaus mit dem Kasmandllaufen um Martini nachempfunden. Unter Lärm und Gepolter ziehen verkleidete Kinder und Burschen durch den Ort, kehren in manchen Gehöften ein und weisen auf die Übernahme der Almherrschaft hin.

In gleicher Weise ist zu dieser Zeit im Oberpinzgau das Alperer-fahren gebräuchlich, ein Rügegericht, das Mängel und Fehltritte der Bewohner in den dörflichen Mittelpunkt rückt. Mit kleinen Gaben und Geldspenden werden die Alperer zufriedengestellt.

Der Martinstag ist ein wichtiger Lostag für das kommende Wetter in der Weihnachtszeit.

Am 11. November, dem Tag des heiligen Martin, heißt es im Volksmund:

Wenn an Martin Nebel sind,
wird der Winter meist gelind.
Ist Martin klar und rein,
bricht der Winter bald herein.

Unter Lärm und Gepolter ziehen die Senner mit dem Vieh von den Almen wieder in die Städte. Die Adventzeit kündigt sich an. Ein Foto aus Bad Gastein um 1950.

BAUERNREGELN

- Herrscht im Advent recht strenge Kält', sie volle 18 Wochen hält.

- Fließt Nikolaus noch der Birkensaft, dann kriegt der Winter keine Kraft.

- Auf kalten Dezember mit tüchtigem Schnee folgt fruchtbar Jahr mit reichlich Klee.

- Bleibt im Dezember der Winter fern, so nachwintert es gern.

- Bringt Dezember Kälte ins Land, dann wächst das Korn selbst auf dem Sand.

- Dezember dunkel, nicht sonnig und klar, verheißt ein gutes fruchtbares Jahr, ein nasser macht es unfruchtbar.

- Dezember kalt mit Schnee, gibt Frucht auf jeder Höh'.

- Dezember mild und mit viel Regen ist für die Saat kein großer Segen

WINTERVERGNÜGEN IN DEN SALZBURGER BERGEN

Ab dem 19. Jahrhundert verlagerten sich die Advent- und Weihnachtsfeierlichkeiten zunehmend von der Kirche in den familiären Bereich. Adel und Bürgertum in und um die Stadt Salzburg fanden so langsam einen freien Raum für winterliches Freizeitvergnügen.

In den bäuerlich geprägten Alpentälern gab es kaum Freizeitmöglichkeiten. Einzig die hohen kirchlichen Feiertage unterbrachen ein wenig den bäuerlichen Arbeitsalltag und boten vor allem für die Kinder die Möglichkeit, rodeln oder eislaufen zu gehen.

Ende des 19. Jahrhunderts hielt der Wintersport in Salzburg Einzug. 1897 fuhr man erstmals mit Skiern am Gaisberg bei Salzburg. Beliebt waren in der Weihnachtszeit neben dem Skifahren auch Eislaufen, Eisstockschießen und Rodeln. Im Jahr 1910 wurde der Skiklub Salzburg gegründet, der bald mehr als hundert Mitglieder hatte.

Im Flachgau ging man in der Adventzeit gerne auf den zugefrorenen Seen eislaufen. Eine Künstlerpostkarte um 1900.

Auch das Schlittenfahren war ein beliebter Zeitvertreib im winterlichen Salzburg. Eine bekannte Strecke führte von der Altstadt zum Schlosspark Hellbrunn. Adelige und großbürgerliche Familien genossen die schönen, romantischen Fahrten mit den Kutschen. Für das Bürgertum gab es zudem das sogenannte Gasselfahren, bei dem Pferde den Gasselschlitten zogen, ein Gefährt, das dem Sulky beim Trabrennen ähnelt.

Der Skisport wurde bei den Salzburgern nach dem Ersten Weltkrieg immer beliebter. Dazu zählte auch das Skispringen. In vielen Alpentälern wurden nun Sprungschanzen errichtet. Die Bilgerischanze in Bad Hofgastein wurde nach dem Gasteiner Skipionier Oberst Georg Bilgeri (1873–1934) benannt, der im Jahr 1920 von Vorarlberg nach Bad Hofgastein kam und kurz darauf die Sprungschanze errichtete. Am Dreikönigstag fand der bekannteste Sprungbewerb in Salzburg statt. 1922 gelang auf dieser Schanze der erste Sprung über 40 Meter.

Ein Winterabend
GEORG TRAKL

Wenn der Schnee ans Fenster fällt,
Lang die Abendglocke läutet,
Vielen ist der Tisch bereitet
Und das Haus ist wohlbestellt.

Mancher auf der Wanderschaft
Kommt ans Tor auf dunklen Pfaden.
Golden blüht der Baum der Gnaden
Aus der Erde kühlen Saft.

Wanderer tritt still herein,
Schmerz versteinerte die Schwelle.
Da erglänzt in reiner Helle
Auf dem Tische Brot und Wein.

◀ *Die Bilgerischanze in Bad Hofgastein war in den 1920er-Jahren, hier 1925, aufgrund des Dreikönigsspringens ein beliebtes Freizeitziel der Salzburger. Auf dieser Schanze konnten drei Springer zeitgleich nebeneinander springen.*

Die Abendglocke läutet im Advent, eine Weihnachtskarte
aus dem Jahr 1935.

DER ADVENTKRANZ

Das mit jeder Kerze stärker werdende Licht des Adventkranzes weist auf das Kommen des Erlösers hin. Der evangelische Pfarrer Johann Hinrich Wichern (1808–1881) verwendete im Jahr 1839 in der Stadt Hamburg als Erster einen Adventkranz. Angesichts des Kinderelends in Hamburg zu Beginn des 19. Jahrhunderts eröffnete er das sogenannte Rauhe Haus, ein ehemaliges altes Bauernhaus, als soziale Einrichtung. Den Advent feierte er dort gemeinsam mit den Kindern. Als im Jahre 1839 die Kinder das Weihnachtsfest nicht mehr erwarten konnten, ließ er mit Hilfe eines Wagenrades einen Kranz mit 20 kleinen roten Kerzen und vier großen weißen Kerzen aufstellen und jeden Tag eine der Kerzen anzünden. Die Idee setzte sich durch. Später reduzierte man die Kerzen von 24 auf nur noch vier, die an den Adventsonntagen angezündet wurden.

In den katholischen Kirchen wird neben drei violetten Kerzen eine rosa Kerze angezündet. Die Farbe Violett fordert die Menschen auf, ihr Leben zu überdenken und gegebenenfalls umzukehren. Am dritten Adventsonntag wird die rosa Kerze entzündet, am sogenannten Gaudete-Sonntag, an dem sich die Christen über das nahe Weihnachtsfest freuen. Die Farbe rosa symbolisiert die Freude auf die baldige Ankunft des Erlösers.

Der Adventkranz ist das jüngste dekorative Brauchtum unseres heutigen Weihnachtsfestes, da er erst nach dem Zweiten Weltkrieg allmählich den Weg in die Salzburger Stuben fand. Die Salzburger Bevölkerung blieb aufgrund der langen Herrschaft der Fürsterzbischöfe dem katholischen Brauchtum, bei dem die Krippe im Mittelpunkt stand, lange Zeit treu.

Der Adventkranz ist eines der jüngsten Brauchtumselemente
unseres heutigen Weihnachtsfestes. Eine Weihnachtskarte um 1960.

Wir sagen euch an den lieben Advent

TEXT VON MARIA FERSCHL, MELODIE VON HEINRICH ROHR UND RICHARD R. KLEIN

Wir sagen euch an den lieben Advent.
Sehet, die erste Kerze brennt!
Wir sagen euch an eine heilige Zeit.
Machet dem Herrn den Weg bereit!
Freut euch ihr Christen! Freuet euch sehr!
Schon ist nahe der Herr.

Wir sagen euch an den lieben Advent.
Sehet, die zweite Kerze brennt.
So nehmet euch eins um das andere an,
wie auch der Herr an uns getan.
Freut euch ihr Christen! Freuet euch sehr!
Schon ist nahe der Herr.

Wir sagen euch an den lieben Advent.
Sehet, die dritte Kerze brennt.
Nun tragt eurer Güte hellen Schein
Weit in die dunkle Welt hinein.
Freut euch ihr Christen! Freuet euch sehr!
Schon ist nahe der Herr.

Wir sagen euch an den lieben Advent.
Sehet, die vierte Kerze brennt.
Gott selber wird kommen, er zögert nicht.
Auf, auf ihr Herzen, werdet licht.
Freut euch ihr Christen! Freuet euch sehr!
Schon ist nahe der Herr.

DER ADVENTKALENDER VERKÜRZT DEN KINDERN
DIE ZEIT DES WARTENS

Für viele Kinder dauert die Zeit bis zum Heiligen Abend zu lange. Im 19. Jahrhundert war es in einigen Salzburger Klosterschulen Brauch, dass Kinder an jedem Tag der Adventzeit einen Strohhalm, eine Feder oder etwas Watte in eine Krippe legten.

Strohhalmkalender, Abreißkalender und Strichkalender sind Vorläufer unseres heutigen Adventkalenders. Es war einem klugen Geschäftsmann aus München vorbehalten, den ersten kommerziellen Adventkalender zu drucken. Gerhard Lang (1881–1974) erhielt als Kind eines Pastorenehepaares von seiner Mutter 24 Stücke Gebäck, von denen er ab dem 1. Dezember jeden Tag eines essen

Mit Spende für die Salzburger Kinderkrebs

Der Salzburger
Christkindlmarkt
am Domplatz

durfte. Als er später erfolgreicher Verleger in München war, ließ er einen Adventkalender mit 24 Bildern zum Ausschneiden und 24 Feldern zum Aufkleben drucken. Zu Weihnachten des Jahres 1902 gingen die ersten kommerziellen Adventkalender in großer Stückzahl in Druck. Die ersten Weihnachtskalender konnte man in Salzburg bereits vor dem Ersten Weltkrieg kaufen.

Ein Lied hinterm Ofen zu singen
MATTHIAS CLAUDIUS

*Der Winter ist ein rechter Mann
kernfest und auf die Dauer,
sein Fleisch fühlt sich wie Eisen an
und scheut nicht Süß noch Sauer.*

*Aus Blumen und aus Vogelsang
weiß er sich nichts zu machen,
hasst warmen Trank und warmen Klang
und alle warmen Sachen.*

*Doch wenn die Füchse bellen sehr,
wenn's Holz im Ofen knittert
und an dem Ofen Knecht und Herr
die Hände reibt und zittert,*

*wenn Stein und Bein vor Frost zerbricht
und Teich' und Seen krachen,
das klingt ihm gut, das hasst er nicht,
dann will er tot sich lachen.*

◀ *Der Salzburger Christkindlmarkt am Kapitelplatz vor dem Dom im Jahr 2012.*

DAS SALZBURGER ADVENTSINGEN

Der Pongauer Volksmusiker Tobias Reiser (1907–1974) gründete im Jahr 1946 das Salzburger Adventsingen. Im Dezember 1946 versammelte Reiser Freunde und Bekannte zum gemeinsamen adventlichen Singen und Musizieren. Allmählich entwickelte sich aus diesem familiären Singen eine offizielle Veranstaltung. 1950 wurden die adventlichen Zusammenkünfte erstmals unter dem Titel »Salzburger Adventsingen« bekannt gemacht. Es nahmen damals bereits mehr als 200 Musiker und Sänger teil. Gleichzeitig wurde der Kaisersaal der Salzburger Residenz als neuer Veranstaltungsort gewählt. Die Lieder und Musikstücke wurden mit Hirtenszenen rund um die Herbergssuche der Heiligen Familie bereichert.

Im Jahr 1952 erfolgte auf Grund des großen Publikumsinteresses die Übersiedlung in die Aula der Universität Salzburg. Von 1952 bis zu seinem Tod im Jahr 1973 las auch der Salzburger Schriftsteller Karl Heinrich Waggerl mit großem Publikumserfolg aus seinen Werken. 1960 wechselte das Salzburger Adventsingen in das neu erbaute Salzburger Festspielhaus. Die Besucherzahl erhöhte sich auf 10.500. Ein Chor, ein Männergesangverein und ein Bläserquintett traten dabei auf. Als Abschluss fand zumeist ein Andachtsjodler statt.

Nach dem Tod von Tobi Reiser im Oktober 1974 übernahm sein Sohn Tobias die Leitung des Adventsingens. Die Besucherzahl stieg auf bis zu 40.000 Zuschauer. Tobias Reiser erweiterte das Adventsingen in den folgenden Jahren um vier große Oratorien. Das große Festspielhaus in Salzburg bietet dafür genügend Raum.

Seit dem Tod von Tobias Reiser im Jahr 1999 ist ein Team für die Leitung verantwortlich. Das Salzburger Adventsingen, bei dem über 150 Personen mitwirken, orientiert sich an der Bibel und präsentiert die Weihnachtsgeschichte von Maria und Josef sowohl mit traditionellem Lied- und Kulturgut als auch mit neueren Kompositionen. Beispielsweise wird bei der Herbergssuche die Fremdenfeindlichkeit thematisiert oder es wurde die Rolle der Frau kritisch hinterfragt. Ein besonderer Publikumsmagnet sind die Hirtenbuben und Hirtenmädchen.

Heute zählt man bei den 16 Aufführungen im Salzburger Festspielhaus zwischen Ende November und Mitte Dezember rund 36.000 Besucher.

*Die Darstellung der Anklöpfler durch Kinder und Jugendliche
beim Salzburger Adventsingen, eine Ansichtskarte des Salzburger
Heimatwerkes 2012.*

Gruss aus Salzburg.

Stadtbrücke

Prosit Neujahr!

Grüße aus dem verschneiten Salzburg mit Blick auf die Salzach-
brücke, die Altstadt und die Festung, eine Korrespondenzkarte
um 1910.

Bratäpfel

Zutaten (für 4 Portionen):

4	GROSSE ÄPFEL
	ZITRONENSAFT
200 G	WEICHE BUTTER
4 EL	GEHACKTE MANDELN
4 EL	ROSINEN
2 EL	STAUBZUCKER
2 TL	ZIMT

Zubereitung:

Den Ofen auf 220°C vorheizen.

Das Kerngehäuse aus den Äpfeln entfernen und die Früchte innen mit Zitronensaft beträufeln – so werden sie nicht braun.

Butter, Mandeln und Rosinen verrühren und mit Staubzucker, Zimt und Zitronensaft abschmecken. Die Buttermasse in die Äpfel füllen und diese in eine Auflaufform setzen, in den Ofen schieben und ca. 40 Minuten braten. Nach der Hälfte der Bratzeit eventuell mit Alufolie abdecken, damit die Äpfel nicht verbrennen. Die Bratäpfel auf Tellern anrichten, mit der zerlaufenen Butter aus der Auflaufform begießen und sofort servieren – am besten mit Vanilleeis.

Zubereitungszeit:

ca. 1 Stunde

*Der Gasteiner Perchtenlauf ist seit dem 14. Jahrhundert urkund-
lich nachweisbar und zählt damit zu den ältesten Brauchtumsveranstaltungen im Salzburger Land.*

Weihnachten
JOSEF VON EICHENDORFF

Markt und Straßen stehn verlassen,
Still erleuchtet jedes Haus,
Sinnend geh ich durch die Gassen,
Alles sieht so festlich aus.

An den Fenstern haben Frauen
Buntes Spielzeug fromm geschmückt,
Tausend Kindlein stehn und schauen,
Sind so wundervoll beglückt.

Und ich wandre aus den Mauern
Bis hinaus ins freie Feld,
Hehres Glänzen, heil'ges Schauern!
Wie so weit und still die Welt!

Sterne hoch die Kreise schlingen,
Aus des Schnees Einsamkeit
Steigt's wie wunderbares Singen
O du gnadenreiche Zeit!

Eine Pongauer Tafelpercht, St. Johann im Pongau 1950.

Schneeflöckchen, Weißröckchen
VOLKSLIED

Schneeflöckchen, Weißröckchen,
da kommst du geschneit,
du kommst aus den Wolken,
dein Weg ist so weit.

Komm, setz dich ans Fenster,
du lieblicher Stern,
malst Blumen und Blätter,
wir haben dich gern.

Schneeflöckchen, du deckst uns
die Blümelein zu,
dann schlafen sie sicher
in himmlischer Ruh'.

Die Rorate-Messen begleiten die Salzburger durch die Adventzeit

Der Salzburger Schriftsteller Karl Heinrich Waggerl (1897–1973), der mit seinen Erzählungen zur Weihnachtszeit maßgeblich zum Ruhm des Salzburger Adventsingens beigetragen hat, erinnert sich in seinem Text »Die stillste Zeit im Jahr« noch sehr gut an die Rorate-Messen seiner Kindheit. Frühmorgens stolperte er als Kind los. Der Mesner hatte um Viertel vor sechs Uhr früh die Viertelglocke geläutet. Halb im Traum erreichte er mit fast erfrorenen Füßen die Kirche und unterstützte als Ministrant den Mesner bei der Rorate-Messe. Bitterkalt war es in der Kirche, aber diese war voll. Fast wäre er bei der Messe eingeschlafen, aber das Lied »Tauet Himmel den Gerechten« weckte ihn wieder auf.

Winterpunsch

Zutaten (für 6 Gläser):

4 DL	ROTWEIN
2 DL	WEISSWEIN
⅛ L	ORANGENSAFT
13 DAG	ROHZUCKER
¼ L	STARKER TEE
	ZIMTRINDE
2	NELKEN
1 DL	RUM
6	ORANGENSCHEIBEN

Zubereitung:

Wein, Orangensaft, Zucker erhitzen. Den heißen Tee, Gewürze und Rum dazugeben und ziehen lassen. Mit Orangenscheiben servieren.

Zubereitungszeit:

ca. 20 Minuten

◀ *In der kleinen Pfarrkirche in Oberndorf bei Salzburg erklang das berühmteste Weihnachtslied der Christenheit, »Stille Nacht, Heilige Nacht«, zum ersten Mal. Links der Hilfspfarrer in Oberndorf, Joseph Mohr, der den Text verfasste, rechts der Lehrer und Komponist Franz Xaver Gruber, der die Melodie für Gitarrenbegleitung komponierte. Eine Postkarte von 1950.*

Punschlied

FRIEDRICH SCHILLER

Vier Elemente, innig gesellt,
bilden das Leben, bauen die Welt.
Presst der Zitrone saftigen Stern!
Herb ist des Lebens innerster Kern.
Jetzt mit des Zuckers linderndem Saft
zähmet die herbe brennende Kraft!
Gießet des Wassers sprudelnden Schwall!
Wasser umfänget ruhig das All'.
Tropfen des Geistes gießet hinein!
Leben dem Leben gibt er allein.

Tauet Himmel den Gerechten
HEINRICH LINDENBORN

»Tauet Himmel den Gerechten,
Wolken regnet ihn herab!«
rief das Volk in bangen Nächten,
dem Gott die Verheißung gab,
einst den Retter selbst zu sehen
und zum Himmel einzugehen,
denn verschlossen war das Tor,
bis der Heiland trat hervor.

Voll Erbarmen hört das Flehen
Gott auf hohem Himmelsthron:
Alle Menschen sollen sehen
Gottes Heil in seinem Sohn.
Gottes Engel flog hernieder,
kehrt mit dieser Antwort wieder:
»Sieh ich bin des Herren Magd,
mir gescheh, wie du gesagt.«

Und als Mensch zu Menschenkindern
kommt des ewgen Vaters Sohn;
Licht und Heil bringt er den Sündern,
Frieden von des Himmels Thron.
Erde jauchze auf in Wonne
bei dem Strahl der neuen Sonne:
Bald erfüllet ist die Zeit.
Macht ihm euer Herz bereit!

Nikolaus, o Nikolaus
VOLKSMUND

Nikolaus, Nikolaus pack die Tasche aus,
dass ich immer artig war, weiß jeder hier im Haus.
Ich bin ein braves Kind, das weißt du doch bestimmt,
hör' immer zu, wenn Mutti spricht und ärgere sie nicht.
Meinem Schwesterlein stell ich nie ein Bein,
ich nehme ihr kein Spielzeug weg, das wäre ja gemein.

Ja, Nikolaus, Nikolaus pack die Tasche aus,
dass ich immer artig war, weiß jeder hier im Haus.
Ich bin so lieb und nett, geh abends brav ins Bett,
ich mach sofort die Augen zu und gebe dann auch Ruh.
So artig wie ich war, bleib ich im nächsten Jahr,
der Nikolaus greift in seinen Sack und lacht ganz laut »Haha«.

Die Kinder stellen schon ihre Schuhe und Stiefel für die Gaben des heiligen Nikolaus vor die Haustür, eine Weihnachtskarte um 1950.

◀ Der heilige Nikolaus, hier als Knecht Ruprecht dargestellt, hat immer sowohl einen Gabensack für die braven, als auch ein Rutenbündel für die schlimmen Kinder bei der Hand.
Eine Weihnachtspostkarte um 1900.

DER ANDREAS-TAG IST EIN WICHTIGER
VORHERSEHTAG IN LIEBESDINGEN

Die Vorweihnachtszeit ist in Salzburg seit jeher von den Festtagen großer Heiliger geprägt, die unmittelbare Auswirkungen auf das Brauchtum haben. Das Fest des heiligen Andreas am 30. November gilt im Brauchtum als Vorhersagenacht, insbesondere in Liebesdingen. Der Apostel Andreas, Bruder des heiligen Petrus, ist auch der Schutzheilige der Liebenden. Vor allem Mädchen suchten früher in dieser Nacht in ihren Träumen Hinweise auf ihren zukünftigen Mann. Für den aussagekräftigen Traum wurde empfohlen, zuvor Figuren aus Wasser, Mehl und Salz zu backen. Nach dem Verzehr der gebackenen Figuren würden die Frauen in der anschließenden Nacht von ihrem zukünftigen Mann träumen.

Ein anderer Brauch am Andreas-Tag war das Schuhwerfen, bei dem ein unverheiratetes Mädchen den linken Schuh über die Schulter zur Tür werfen sollte. Fiel der Schuh mit der Spitze zur Tür, bedeutete das, dass es innerhalb eines Jahres heiraten würde. Später ging diese Bedeutung auch auf die Thomasnacht am 20. Dezember über.

Als Wetterprophet blickte der heilige Andreas auch für die Bauern in das nächste Jahr. Eine wichtige Bauernregel an diesem Lostag lautete:

- Denn Andreas kalt und klar, bringt fürwahr ein gutes Jahr.

- Wirft herab Andreas Schnee, tut's dem Korn und Weizen weh!

DER NIKOLAUS KOMMT IN SALZBURG
ZUMEIST MIT EINER KRAMPUSPASS

Der große Heilige der Vorweihnachtszeit ist der heilige Nikolaus, der im 4. Jahrhundert als Bischof in Myra in der heutigen Westtürkei lebte. Er wurde durch seine zahlreichen Wunder und Hilfeleistungen von der Bevölkerung weithin verehrt. Eine Legende erzählt, dass er drei junge Frauen vor der Armut rettete, indem er ihnen am Abend heimlich Goldstücke in das Fenster legte. Ursprünglich war der heilige Nikolaus im Brauchtum aber auch für die schlimmen Kinder zuständig. Im 17. und 18. Jahrhundert bekam der heilige Nikolaus allmählich eine andere Figur zur Seite gestellt, die nicht nur die guten Taten der Kinder belohnte, sondern auch die schlimmen Taten bestrafte. Seit dieser Zeit begleitet der Krampus den heiligen Nikolaus. Das ursprüngliche Motiv des Schreckens, das mit dem Krampus in Verbindung gebracht wird, dürfte im heidnischen Glauben zu finden sein, wo im Frühwinter mancherlei Geister der Finsternis den Menschen bedrohten.

Wenn am 5. und 6. Dezember die wilden Gesellen auch vielfach überwiegen, so sind sie im Salzburger Brauch dem Nikolaus untergeordnet und in einer Gruppe, der sogenannten Pass, zusammengeschlossen. Der Name für den Krampus leitet sich von altdeutsch »Krampen« für Kralle oder von »Krampen« für Lebloses ab.

In Salzburg tragen die Krampusse einen langzottigen Fellmantel und eine geschnitzte Holzmaske mit mächtigem Gehörn aus Zirben- oder Lindenholz. Die Masken werden in aufwändiger Handarbeit hergestellt. In ganz Salzburg gibt es 180 Krampuspassen, allein im Gasteinertal 80 Gruppen, die in der Nacht vor Nikolaus die Häuser der Salzburger aufsuchen.

Der Nikolaus kommt im Salzburger Land oft in Begleitung von mehreren Krampussen. Im Gasteinertal werden die Masken für die Krampusse in aufwändiger Handarbeit hergestellt. Ein Foto aus Bad Hofgastein von 1968.

Am zweiten Donnerstag im Advent, rund um den 14. Dezember, sagt die Legende, findet am Untersberg bei Salzburg die Wilde Jagd statt. Insgesamt zwölf Figuren aus der Sagenwelt des Unterberges und des winterlichen Brauchtums sollen das Böse von Haus und Hof vertreiben. Der Anführer der Wilden Jagd ist die Figur des Todes. Der Baumwercher trägt eine Wurzelstockmaske, seine Begleiterin ist das Moosweibl. Sie stehen für das Zwergenvolk, das der Sage nach zusammen mit Kaiser Karl dem Großen und einem Raben im Untersberg wohnt. Die Figur des Saurüssels ist eine sogenannte Schiachperchte, der Hahnengickerl ist eine Vogelfigur. Neben dem Riesen Abfalter treten eine Hexe, der Bär und sein Bärentreiber und als Spaßvogel der Gruppe die freche Habergoaß auf.

Der Landesbedienstete und Volkskundler Kuno Brandauer (1895–1980) gilt als der Begründer des Brauchtums der Wilden Jagd rund um den Untersberg in Salzburg, das er nach dem Zweiten Weltkrieg auf einen Perchtenlauf aus dem Jahre 1880 zurückführte. Seit 1949 ist der Verein der Brauchtumsgruppe Jung Alpenland für das vorweihnachtliche Brauchtum der Wilden Jagd rund um den Untersberg verantwortlich.

Der Ort, an dem die Wilde Jagd auftreten wird, bleibt immer geheim. Die Vorperch ist als Erste unterwegs und klopft plötzlich an Fenster und Türen. Dabei wird folgendes Lied vor den Häusern der kleinen Orte rund um den Untersberg vorgetragen:

> *Pfeif, Wind, pfeif übers Moos,*
> *pfeif, dass de Schneewolkn fliagn.*
> *Auswendi blas alls aus, einwendi kehr alls aus,*
> *bis sih d'Geister verziahgn.*

Die Gruppe der Wilden Jagd eilt über die Felder und ruft vor jedem Bauernhaus:

Glück hinein, Unglück hinaus,
es geht das Wilde Gjoad ums Haus.

Dann folgt zu Trommel- und Klarinettenklang ein Figurenrund-
tanz. Zum Schluss liegt die ganze Wilde Jagd samt der Habergoaß
flach auf dem Boden. Nach heidnischem Glauben sollen mit dem
Perchtenlauf der Wilden Jagd Fruchtbarkeit, Glück und Segen im
Haus und auf den Feldern einziehen.

Der Tod eilt dem Geisterzug der Wilden Jagd mit sei-
ner Trommel voraus und sieht nach, ob Haus und Hof
in Zucht und Ordnung gehalten werden. Er gibt mit
seiner Trommel den Takt beim Tanzen vor.

DIE ANGLÖCKLER KOMMEN

Die letzten drei Donnerstage in der Adventzeit sind die Nächte des Anglöckelns, auch Anklöckeln, das sich sprachlich von »glöckeln« und »klopfen« ableitet. Meist als Hirten verkleidete Musikanten ziehen dabei von Haus zu Haus, singen Adventlieder und erhalten nach den verschiedenen Segenswünschen häufig Geldspenden oder Naturalien. Der Ursprung der Tradition des Anglöckelns geht ins 19. Jahrhundert zurück, als die Kluft zwischen Arm und Reich immer größer wurde. Im Advent durften die Armen, hier vorwiegend deren Kinder, um milde Gaben bittend von Haus zu Haus ziehen.

Im Rauristal im Pinzgau nehmen am Anklöckeln, das hier mit »k« ausgesprochen wird, eine Schar von Hirten im Verein mit Maria, Josef und dem Wirt teil. Die Anklöckler gehen hier vor allem zu den größeren Bauern. Die Sänger, meist zehn bis fünfzehn an der Zahl, sind alle als Hirten verkleidet. Zuerst wird vor dem Bauernhaus die Ansprache gehalten, mit der Bitte, eintreten zu dürfen. Nachdem der Bauer die Zustimmung gegeben hat, singen die Hirten und Maria in der Stube einige Lieder. Am Ende des Besuches folgt noch ein Wunschlied, mit dem Gesundheit und guter Ernteertrag in folgender Form erbeten wird:

Was soll ma denn wünschen in dera kalten Zeit:
An G'sund und an Friedn
Und a recht a langs Leben
Und dass d'Hena fleißg legn.
Pfüat enk alle mitanand!

In der Stadt Salzburg hat sich nach dem Zweiten Weltkrieg das Adventblasen entwickelt. Bis zum Jahr 1772 gab es in der Stadt, deren Musiker angesehene Bürger waren und vor dem Rathaus und der Residenz die Adventzeit musikalisch begleiteten, das Turmblasen. Heute findet am Samstag vor dem ersten Adventsonntag um 18 Uhr in der Kollegienkirche eine Abendmesse statt, bei der die mitgebrachten Adventkränze geweiht werden. Nach der Messe ziehen tausende Menschen zum Residenzplatz und für eine halbe Stunde spielen Bläser vom Glockenspielturm oder von der Residenz alte Adventweisen.

Klosterkipferl

Zutaten:

30 DAG	MEHL
20 DAG	BUTTER
8 DAG	GERIEBENE NÜSSE
8 DAG	GERIEBENE SCHOKOLADE
6 DAG	STAUBZUCKER
2	DOTTER
	RIBISELGELEE ZUM ZUSAMMENSETZEN
	SCHOKOLADEGLASUR

Zubereitung:
Einen Mürbteig bereiten, diesen rasten lassen. Kipferl formen und backen. Nach dem Erkalten jeweils 2 Kipferl mit Ribiselgelee zusammensetzen. Die Enden in Schokoladeglasur tauchen.

Verschiedenste Engel schmücken die Weihnachtsbäume der Salzburger Familien. Viele davon kommen von den Weihnachtsmärkten, die in der Adventzeit abgehalten werden, wie zum Beispiel vom Christkindlmarkt vor dem Dom in Salzburg. Das Foto von einem Weihnachtsstand am Salzburger Christkindlmarkt entstand im Dezember 2012.

Falls die Salzburger Mädchen am 30. November zum heiligen Andreas noch nicht ihren zukünftigen Mann gefunden haben, gibt es nach dem Salzburger Brauchtum am 21. Dezember, dem Tag des heiligen Thomas, noch eine Gelegenheit dazu.

Im Flachgau sollen die Mädchen in dieser Nacht von ihrem zukünftigen Mann träumen. Wollen sie im Traum ihre Eheaussichten ergründen, so müssen sie am Thomasabend vor dem Schlafengehen den Betstaffel dreimal mit dem Fuß berühren und jedes Mal folgende Worte sprechen:

Betstatt i tritt di,
heiliger Thomas i bitt' di,
lass mir erschein'
den Herzallerliebsten mein!

Im Pinzgau ist in dieser Nacht das Hütlheben gebräuchlich. Unter neun Hüten werden verschiedene Sinnbilder verwahrt, die die nahe Zukunft vorhersagen. Wer den weißen Zwirn erwischt, hat großes Glück und eine Geldbörse verspricht Reichtum. Ein Schlüssel bedeutet die Macht im Haus, ein Kamm lausige Zeiten. Der schwarze Zwirn verheißt den Tod, ein Ring weissagt eine nahe Hochzeit und eine Puppe bereitet auf reichen Kindersegen vor.

Im Lungau ist in der Thomasnacht bei Jung und Alt das Loasln, das Los-Ziehen, gebräuchlich. Dabei dreht sich ebenso alles um die Frage, ob im nächsten Jahr geheiratet wird.

Seit dem 16. Jahrhundert ist die Herbergssuche vor dem Heiligen Abend eigenständiges Brauchtum. Der schlichte Satz im Lukasevangelium: »In der Herberge war kein Platz für sie [Maria und Josef]« (Lk. 2,7) war die Grundlage dafür. Es entstand eine lose Szenenfolge, die von zwei Personen als Maria und Josef und mehreren abweisenden Wirten und Hausbesitzern gespielt wurde. Fester Bestandteil dieses Brauchtums ist das Volkslied »Wer klopfet an?«.

Die neun Abende zwischen dem 16. Dezember und Weihnachten waren der übliche Zeitraum für das Frauentragen, eine spezielle Form der Herbergssuche. Seit dem Barock tragen in diesen Tagen die Bewohner der Gemeinden ein Holzbild der Gottesmutter von Haus zu Haus. Das Bild bleibt über Nacht bei einer Familie, die davor Gebete spricht bzw. singt und das Bild am nächsten Tag zur Nachbarfamilie weiterträgt.

In der Pfarre Saalfelden gibt es einen fixen Plan, zu welchem Datum welche Familie das Bild erhält. An die zehn Bilder sind im Advent im Pfarrgebiet unterwegs. Den Bildern liegt ein Begleitbüchlein mit Gebeten und Gesängen bei.

Im Salzburger Oberndorf ziehen eine Frau und sechs bis acht Mädchen mit einem Bild der Muttergottes von Haus zu Haus. Der Besuch ist mit Gesang und gemeinsamen Gebeten verbunden. Dieser Brauch geht auf den Lehrer Hermann Rasp zurück, der in den 1920er-Jahren seine Frau mit einigen Sängerinnen und dem Muttergottesbild von Haus zu Haus schickte und so auf die alte Tradition des Anglöckelns der arbeitslosen Salzachschiffer anknüpfte, die vor dem Ersten Weltkrieg in den Orten entlang der Salzach um Spenden und Almosen gebeten hatten.

Wer klopfet an?
VOLKSLIED

Wer klopfet an? – O zwei gar arme Leut!
Was wollt ihr denn? – O gebt uns Herberg heut!
O durch Gottes Lieb wir bitten, öffnet uns doch eure Hütten!
O nein, o nein! – O lasset uns doch ein!
Das kann nicht sein. – Wir wollen dankbar sein.
Nein, es kann einmal nicht sein, drum geht nur fort, ihr kommt
nicht rein.

Wer vor der Tür? – Ein Weib mit seinem Mann.
Was wollt denn ihr? – Hört unsere Bitte an:
Lasset uns bei euch wohnen, Gott wird auch schon alles lohnen!
Was zahlt ihr mir? – Kein Geld besitzen wir!
Dann fort von hier! – O öffnet uns die Tür!
Ei, macht mir kein Ungestüm, da packt euch, geht woanders hin!

Geht nur, geht! – O Freund, wohin? wo aus?
Zum Viehstall dort! – Geh Josef nur hinaus!
Sei es denn durch Gottes Willen, wollen wir die Armut fühlen.
Jetzt packt Euch fort! – O dies sind harte Wort!
Zum Viehstall dort! – O, wohl ein schlechter Ort!
Ei der Ort ist gut für Euch, ihr braucht nicht viel, da geht nur
gleich.

Lasst uns froh und munter sein
ALTES VOLKSLIED

Lasst uns froh und munter sein
und uns recht von Herzen freu'n!
Lustig, lustig, traleralera!
Bald ist Niklausabend da,
bald ist Niklausabend da!

Dann stell' ich den Teller auf,
Niklaus legt gewiss was drauf.
Lustig, lustig, traleralera!
Bald ist Niklausabend da,
bald ist Niklausabend da!

Wenn ich schlaf', dann träume ich:
Jetzt bringt Niklaus was für mich.
Lustig, lustig, traleralera!
Bald ist Niklausabend da,
bald ist Niklausabend da!

Wenn ich aufgestanden bin,
lauf' ich schnell zum Teller hin.
Lustig, lustig, traleralera!
Bald ist Niklausabend da,
bald ist Niklausabend da!

Niklaus ist ein guter Mann,
dem man nicht genug danken kann.
Lustig, lustig, traleralera!
Bald ist Niklausabend da,
bald ist Niklausabend da!

Lebkuchen für allerlei Formen

Zutaten:

½ KG	HONIG
⅛ L	WASSER
¼ KG	ROHZUCKER
1 PORTION	VANILLEZUCKER
10 DAG	BUTTER
2 BIS 3	EIER
60 DAG	WEIZENMEHL
60 DAG	ROGGENMEHL
4 TEELÖFFEL	NATRON

Zubereitung:

Honig, Wasser, Zucker und Butter langsam erwärmen. In eine Schüssel geben und kalt stellen. Die übrigen Zutaten gut unterkneten. Auswalken und Formen ausstechen.

BAUERNREGELN

- Der Winterschnitt wird durchgeführt, nur nicht, wenn Stein und Bein gefriert.

- Wenn's nicht wintert, sommert's auch nicht.

- Dezember ohne Schnee tut erst im Märzen weh.

- Dezember kalt mit Schnee tut dem Ungeziefer weh.

- Dezember kalt mit Schnee – niemand sagt: »Oh weh«.

- Dezember warm – Gott erbarm!

Befiehl dem Herrn deine Wege u. hoffe auf ihn er wirds wohl machen.

Lieber, guter Nikolaus
NIKOLAUSLIED

Guter, braver Nikolaus,
bring den kleinen Kindern was,
die Großen lässt du laufen,
die können sich was kaufen.

Lieber, guter Nikolaus,
lösch uns unsre Fünfen aus,
mache lauter Einsen draus,
bist ein braver Nikolaus!

Die Kinder sind in der weihnachtlich geschmückten Stube am
Kachelofen rund um die Großmutter versammelt, als der heilige
Nikolaus eintritt. Die Weihnachtspostkarte entstand um 1950.

Der weltberühmte Salzburger Christkindlmarkt findet alljährlich vor der atemberaubenden Kulisse des Doms und der Residenz in der Altstadt von Salzburg statt.

Auf dem Domplatz hat es vor Weihachten seit jeher Märkte gegeben. Im Jahr 1491 wurde erstmals ein Markt in dieser Jahreszeit erwähnt. Spätestens seit dem 17. Jahrhundert wird der Nikolaimarkt abgehalten. In der Mozart-Zeit begann er 14 Tage vor dem Nikolausfest und dauerte bis zum 20. Dezember. Puppen, Alltagswaren und Süßigkeiten wurden angeboten. Im Jahr 1932 fand der letzte Weihnachtsmarkt statt, ehe er in den 1960er-Jahren rund um das Schloss Mirabell wieder eröffnet wurde. Seit 1973 wird er rund um den Dom abgehalten.

In speziell entworfenen hölzernen Marktständen bieten traditionellerweise Kunsthandwerker, Zuckerbäcker und andere Händler Salzburger Spezialitäten, Christbaumschmuck, Lebkuchenherzen, Krippenfiguren und Spielzeug an. Bis heute dürfen nur in Salzburg wohnhafte Personen am Christkindlmarkt ihre Waren anbieten.

Ungefähr eine Million Menschen besuchen jährlich diesen Markt, der am Donnerstag vor dem ersten Adventsonntag beginnt. Der Markt bleibt bis 26. Dezember geöffnet. Um 17 Uhr treten Chöre aus Stadt und Land vor dem Domportal auf. Am Samstag findet um 17.30 Uhr das Turmblasen am Residenzplatz statt. Die Musiker spielen dann vom Turm des Glockenspiels, auf den Dombögen und auf dem Balkon des ehemaligen Café Glockenspiel am Mozartplatz. Neben zahlreichen Besuchern aus dem Umland von Salzburg und von den Gebirgsgauen kommen viele Gäste aus dem Ausland. Damit ist der Advent auch für den Salzburger Tourismus ein wichtiger Anziehungspunkt geworden.

Weitere Informationen finden Sie unter:
www.christkindlmarkt.co.at

Der Christkindlmarkt vor dem Dom in Salzburg ist ein Fixpunkt im weihnachtlichen Brauchtum der Stadt.

Heute gibt es zur Adventzeit zahlreiche Weihnachtsmärkte in Salzburg, die von Mitte November bis Weihnachten geöffnet haben. Einige seien hier noch erwähnt:

Der *Weihnachtsmarkt vor dem Schloss Mirabell* wartet jedes Jahr mit einem vielseitigen musikalischen und unterhaltsamen Programm auf. Glühwein, Punsch und Paradiesäpfel, handgeschnitzte Krippen, kuschelige Felle, kunsthandwerkliche Tonobjekte, Räucherware, Bienenwachskerzen und andere Angebote in kunstvoll gestalteten Hütten erwarten die Besucher. Ein Spaziergang über den Weihnachtsmarkt stimmt mit Gerüchen, weihnachtlichem Gaumenkitzel und schönen Gaben auf das Christfest ein.

www.weihnachtsmarkt-salzburg.at

*An den Ständen am Weihnachtsmarkt vor dem Schloss Mirabell
werden Kunsthandwerk und Glaskugeln angeboten.*

Der *Adventmarkt im Burghof der Festung Hohensalzburg* ist ein stim-
mungsvolles Wahrzeichen der Salzburger Weihnachtszeit. Im mittel-
alterlichen Burghof findet ein umfangreiches Rahmenprogramm
für die ganze Familie statt. Kulinarische Köstlichkeiten, wie frische
Maroni, Glühwein oder duftender Lebkuchen, machen diesen Aus-
flug für die ganze Familie zu einem unvergesslichen Erlebnis.

www.stadt-salzburg.at

Der *Hellbrunner Adventzauber* bietet nach einem ausgedehnten
Spaziergang im Gartenareal oder nach einer romantischen Laternen-
wanderung durch den beleuchteten Bereich der Wasserspiele

zahlreiche weihnachtliche Süßigkeiten. Vor der zauberhaften Kulisse des Schlosses Hellbrunn kann man sich mit weihnachtlichem Handwerk sowie kulinarischen Schmankerln verwöhnen lassen.

www.salzburg.info

Der *Stern Advent Markt* bietet eine Begegnung zwischen Künstlern, Handwerkern und Betrachtern. Die Künstler bieten lebendiges Handwerk mit originellen Ideen und eigenwilligen Formen an.

www.sternadvent.at

Ein traditioneller Adventmarkt vor den Toren der Stadt Salzburg ist der *Adventmarkt in St. Leonhard*. Neben viel Kunsthandwerk und geschmackvollen Geschenkideen bietet er ein künstlerisches Rahmenprogramm in der Wallfahrtskirche und romantische Kutschenfahrten am Fuße des Untersberges. Auch ein Stall zu Bethlehem mit lebenden Tieren ist aufgebaut und die St. Leonharder Adventbackstube erwartet die Kinder.

www.adventmarktsanktleonhard.at

Eine ganz besondere Stimmung bietet der *Weihnachtsmarkt am Stille-Nacht-Platz in Oberndorf*. Beliebt sind die Holzschnitzarbeiten und handgearbeiteten Weihnachtsdekorationen. Im Stille-Nacht- und Heimatmuseum hat jedes Jahr ab dem 8. Dezember das Stille-Nacht-Sonderpostamt geöffnet, in dem Gäste die Möglichkeit haben, ihre Weihnachtspost mit Sondermarke und Sonderstempel in alle Welt zu versenden.

www.stillenacht-oberndorf.at

Vom Weihnachtsmarkt in Oberndorf ist es nicht weit zum Schulhaus in Arnsdorf, wo Franz Xaver Gruber, der Komponist des Liedes »Stille Nacht, Heilige Nacht«, als Lehrer unterrichtete.

Der *Weihnachtsmarkt auf Gut Aiderbichl* wartet mit der größten lebenden Tierkrippe auf. Am wohl bekanntesten Bauernhof Salzburgs verwandeln unzählige Lichter die Halle und den Hof in eine Märchenwelt. Kinder können Krippen basteln, beim Lebkuchenbacken dabei sein oder dem Hufeisenschmied zusehen.

www.gut-aiderbichl.com

Der *Bergadvent in Großarl* präsentiert sich mit Brauchtum und Tradition. Bratäpfel, Punsch und Glühwein werden angeboten. Auge und Gaumen werden von Selbstgemachtem der Bäuerinnen, handgefertigten Krippenfiguren und Basteleien aus Glas, Stroh und Keramik erfreut. Eine Krippenausstellung bieten die Märkte in den Orten Hüttschlag und Großarl.

www.salzburger-bergadvent.at

Auf vielen Adventmärkten gibt es neben Weihnachtsschmuck und Leckereien auch ein umfangreiches Rahmenprogramm mit Lesungen und Weihnachtsliedern.

Weitere Informationen unter:
www.christkindlmaerkte.at

*Im Schlosspark von Mirabell findet ein stimmungsvoller Weih-
nachtsmarkt statt. Man genießt einen herrlichen Blick auf die
verschneite Schlossanlage und die Festung Hohensalzburg. Eine
Postkarte aus dem Jahr 1958.*

Nusskipferl

Zutaten:

30 DAG	GLATTES MEHL
24 DAG	BUTTER
10 DAG	GERIEBENE KOCHSCHOKOLADE
4 EL	STAUBZUCKER
2 EL	VANILLEZUCKER
2	DOTTER
1	PRISE SALZ

Zubereitung:
Mehl und Butter verbröseln, die übrigen Zutaten dazugeben, kurz durchkneten.

Den Teig eine Stunde im Kühlschrank rasten lassen, Kipferl formen und im vorgeheizten Backrohr bei 180 Grad ca. 12 Minuten backen. Nach dem Auskühlen die Spitzen eventuell in Schokolade tunken.

II.

BACHLKOCH UND CHRISTMETTE

DIE WEIHNACHTSZEIT

Schulhaus zu Arnsdorf bei Salzburg, die Geburtsstätte
des Liedes „Stille Nacht, heilige Nacht"

Lehrer Franz Xaver Gruber

Stille Nacht, heilige Nacht, alles schläft, einsam wacht

Silent night, holy night, all is calm, all is bright

St. Nikolauskirche in Oberndorf a. Salzach

*Eine Weihnachtskarte mit Grüßen vom Schulhaus zu Arnsdorf
bei Salzburg, in dem der Lehrer und Organist Franz Xaver Gruber
arbeitete und im Auftrag von Josef Mohr, der Kaplan in der
Nikolauskirche in Oberndorf bei Salzburg war, die Melodie für das
schöne Weihnachtslied »Stille Nacht, Heilige Nacht« komponierte.
Eine Postkarte um 1960.*

In jenen Tagen erließ Kaiser Augustus den Befehl, alle Bewohner des Reiches in Steuerlisten einzutragen. Dies geschah zum ersten Mal; damals war Quirinus Statthalter von Syrien. Da ging jeder in seine Stadt, um sich eintragen zu lassen.

So zog auch Josef von der Stadt Nazareth in Galiläa hinauf nach Judäa in die Stadt Davids, die Bethlehem heißt; denn er war aus dem Haus und Geschlecht Davids. Er wollte sich eintragen lassen mit Maria, seiner Verlobten, die ein Kind erwartete. Als sie dort waren, kam für Maria die Zeit ihrer Niederkunft und sie gebar ihren Sohn, den Erstgeborenen. Sie wickelte ihn in Windeln und legte ihn in eine Krippe, weil in der Herberge kein Platz mehr für sie war.

WIE DER WEIHNACHTSBAUM EINZUG IN DIE SALZBURGER STUBEN FAND

Die Feier der Geburt Jesu Christi mit einem Weihnachtsbaum, so wie das Fest heute in vielen Salzburger Familien gefeiert wird, hat eine relativ kurze Tradition. Sie beginnt zur Zeit des Biedermeier vor 200 Jahren. Zuvor war es üblich, dass Familien in Salzburg nach dem katholischen Glauben eine Weihnachtskrippe aufstellten.

Schon Ende des 18. Jahrhunderts waren Nikolobäumchen als vorweihnachtlicher Baumschmuck üblich. In Oberndorf an der Salzach erhielten die Kinder der Schiffer am Nikolaustag den sogenannten Nikologarten, der von den Eltern selbst gebastelt wurde. Der Nikologarten war ein rechteckiges, grün angemaltes Brett, ähnlich einem Christbaum. Er wurde mit Sand bestreut und mit frischem Tannenreisig umgeben. In der Mitte stand ein Nikolo aus Papier, um ihn herum lagen Äpfel, Nüsse, Dörrzwetschken, Feigen und Kletzenbrot.

Der erste Christbaum in der Stadt Salzburg befand sich nachweislich am heutigen Alten Markt, dem Wohnhaus von Jakob Koch, einem reichen Bürger aus Schwaben. Er stammte aus Emmingen in Baden-Württemberg und war in der nachnapoleonischen Zeit als Geschäftsmann nach Salzburg gekommen. Er hatte sich mit einer Salzburgerin verehelicht und konnte im Jahr 1821 durch die Verwandtschaft seiner Frau das Fleischergewerbe am damaligen Marktplatz 11 – dem heutigen Alten Markt – erwerben. Er eröffnete hier ein Geschäft mit Leinen, Tuchwaren und ausgesuchten Spitzen. Vielleicht war sein reicher Kindersegen – er hatte zwölf Kinder – auch der Anlass, dass er sich wieder an die Bräuche seiner protestantischen Heimat erinnerte.

Zu Weihnachten 1826 beauftragte Koch seinen Milchbauern, ihm eine große Tanne vom Leopoldskroner Moos zu liefern. Am

◀ *Josef und Maria mit dem neu geborenen Jesus Christus bei einer Rast auf der Flucht nach Ägypten, bei der sie von Engeln umsorgt werden. Eine Weihnachtspostkarte aus Österreich, um 1920.*

24. Dezember 1826 lud er Nachbarn und Freunde zu einer Feier ein, zu der er eine Überraschung versprach. Als sich nach einem Glöckchenklang die Türen zum Eckzimmer öffneten, stand in dem Raum eine hohe Tanne, geschmückt mit roten, polierten Äpfeln, vergoldeten Nüssen, mit einem Strohstern an der Spitze und von vielen Kerzenlichtern erhellt. Dieser strahlende Christbaum wurde in der ganzen Stadt Salzburg bestaunt, so etwas hatte man noch nicht gesehen. Jeden Abend kamen Menschen auf den Marktplatz, um durch die Fenster und Gardinen einen Blick auf den Baum zu werfen.

So soll sich der Brauch in der Stadt Salzburg nach und nach bei den reichen bürgerlichen und adeligen Familien durchgesetzt haben. Der Christbaum war jahrzehntelang, da für bäuerliche Familien zu teuer, nur im Bürgertum üblich.

DER WEIHNACHTSBAUM DER KAISERFAMILIE ALS VORBILD FÜR SALZBURG

Dass die kaiserliche Familie der Habsburger in Wien einen Weihnachtsbaum aufstellte, spielte für die adeligen und bürgerlichen Familien Salzburgs eine wichtige Rolle bei der Verbreitung dieser Tradition.

Salzburg war seit 1816 endgültig an die Habsburgermonarchie gekommen. Daher blickte man in manchen bürgerlichen und adeligen Kreisen auch nach Wien, wo im Jahr 1814 nachweislich der erste Christbaum aufgestellt wurde. Das Kaiserhaus folgte dieser protestantischen Tradition wenige Jahre später. Die Kunde von diesem neuen Brauch in der Kaiserfamilie verbreitete sich rasch in der ganzen Habsburgermonarchie, so auch in Salzburg. Der Christbaum veränderte nicht nur das Weihnachtsfest und die Gewohnheiten der Menschen am Tag der Bescherung, sondern auch das öffentliche Bild in Salzburg. Neben dem traditionellen Krippenmarkt etablierten sich schon bald viele Christbaummärkte.

Langsam änderten auch die Salzburger Familien ihr weihnachtliches Brauchtum. Zuerst in der Stadt, später auch auf dem Land und im Gebirge. Im Jahr 1850 berichtete die »Salzburger Post« über eine öffentliche Kinderbescherung mit einem Christbaum.

Die bäuerliche Bevölkerung schenkte dem Christbaum erst nach längerem Zögern Zuneigung und Beachtung. Sie blieb vorerst bei ihrer Feier des Heiligen Abends, in der traditionell die Krippe im Mittelpunkt stand.

◀ *Auf der Suche nach dem richtigen Christbaum in den Salzburger Bergen. Eine Korrespondenzkarte um 1910.*

Gesegnete Weihnachten

Die Gewohnheiten der Kaiserfamilie waren Vorbild für die Motive zahlreicher Postkarten. Diese Weihnachtskarte um 1900 zeigt in einfachem künstlerischen Stil Kaiser Franz Joseph und Erzherzog Karl I. mit Erzherzogin Zita und Kindern beim betont bürgerlichen Weihnachtsfest.

Die fürsterzbischöfliche Küche als Vorläufer der Salzburger Weihnachtsgerichte

Es gibt keine einheitliche Salzburger Küche. Man unterscheidet nach den verschiedenen Landesteilen auch unterschiedliche Gerichte, wie zum Beispiel die Salzburger Kost im Land inner Gebirg und im Land außer Gebirg. Im südlichen Lungau war der kulinarische Einfluss von Kärnten und der Steiermark schmeckbar, im Flachgau die Küche des Innviertels.

Salzburgs Fürsterzbischöfe beschäftigten einst berühmte Köche, deren Kochkünsten der Wild- und Fischreichtum der Salzburger Wälder, Seen und Flüsse zugute kam. Der bekannteste Koch am fürsterzbischöflichen Hof war um 1700 Conrad Haager, dessen »Neues Salzburgisches Koch-Buch« mit 2.500 Rezepten einen tiefen Einblick in die Küche von damals gewährt. Diese Rezepte aus dem Jahre 1718 dienen auch heute noch vielen Köchen in Salzburg als Ideenbringer für ihre Speisen.

Neben der Küche am fürsterzbischöflichen Hof war auch die bäuerliche Küche für die heutigen Weihnachtsrezepte in Salzburg prägend. In einem bäuerlichen Jahresspeiseplan von 1830 war zu Weihnachten Folgendes vorgesehen:

Zum Frühstück eine Suppe mit süßer abgerahmter Milch mit weißem Roggenbrot, zu Mittag eine Rindsuppe mit Rindfleisch und weißem Roggenbrot, danach Knödel mit geselchtem Fleisch und Speck oder ein Braten vom Schaffleisch. Am Abend oder zur Jause Povesen und Kücheln vom Weizenmehl mit Schmalz gebacken.

Seither hat sich in den weihnachtlichen Kochtöpfen der Salzburger viel verändert, doch ist der Einfluss von früher noch immer spürbar. Auch heute sind die sogenannten Milisuppn, die mit Milch gestreckten Suppen, vor allem in den Gebirgsgauen, wie Pongau, Lungau und Pinzgau, sehr wichtig. Bei den Hauptgerichten stehen heute nicht mehr Schweinefleischspeisen auf den weihnachtlichen Speiseplänen. Fisch, etwa Saibling, Hecht und Forelle, dominiert. Als Nachspeise kommt oft Schmalzgebackenes auf den Tisch. Dazu zählen Krapfen, Blattln, Strudel, Kiachl, Hasenörl, Nocken und Nudeln. Als Getränke sind Bier und Schnäpse beliebt. Beides produzieren die Salzburger im eigenen Land. Bei den Schnäpsen sind Vogelbeer-, Schwarzbeer- und Hollerschnäpse besonders begehrt.

Zu Beginn des 20. Jahrhunderts waren noch über 60 Prozent der Salzburger Bevölkerung Bauern. In Salzburg isst und trinkt man daher das, was die Jahreszeiten hervorbringen. Das gilt auch für Weihnachten, insbesondere ist die Weihnachtsküche eng mit dem bäuerlichen Schlachtfest Mitte November verbunden. Dieser Schlachttermin hat nicht nur religiöse Gründe, sondern basiert auch auf wirtschaftlichen Überlegungen. Frisches Fleisch konnte früher nur in der kalten Jahreszeit gelagert und konserviert werden. Die Futternot im Winter macht es bis heute unmöglich, mehr Tiere als unbedingt notwendig über den Winter zu bringen. Traditionellerweise wird das Geflügel bereits im November geschlachtet. Auch die Fischteiche und Krebsbestände werden vor dem Winter geerntet. Eier und Honig werden gelagert und die letzten Früchte des Herbstes getrocknet. Zu guter Letzt wird das Weihnachtsschwein geschlachtet.

Aufgrund dieser Nahrungsvielfalt zum Ende des Erntejahres ist Weihnachten auch ein kulinarisches Fest. Nach katholischer Tradition ist der 24. Dezember ein Fasttag, an dem fleischlos gefeiert wird, und es gibt als Festgericht einen Karpfen, als Vorspeise eine Fastensuppe.

Die Basis vieler Fastensuppen bildet ein Kochsud, der aus Erbsen hergestellt wird, das sogenannte Erbsenwasser, bestehend aus Erbsen, Ingwer, Lorbeer, Petersilwurzel, Semmeln, Muskat, Safran und Wasser.

Fastensuppe mit Nockerln

Zutaten:
für die Suppe:

3 BIS 4 DAG	BUTTER
1	MITTELGROSSE ZWIEBEL
3 BIS 4 DAG	GLATTES MEHL
	ETWAS KRÄUTERESSIG

für die Nockerl:

25 DAG	MEHL
2	EIER
	SALZ
⅛ L	WASSER

Zubereitung:
Aus Butter, Zwiebel und Mehl eine etwas dunklere Einmach zubereiten, mit Kräuteressig ablöschen, mit Wasser aufgießen (die Suppe darf nicht zu dick sein).

Man kann auch ein Gurkerl kleinwürfelig schneiden und dazugeben, ebenso ein Lorbeerblatt. Fertig kochen. Inzwischen den Nockerlteig machen. Wenn die Suppe kocht, den Teig durch ein Nockerlsieb direkt in die Suppe einstreichen, aufkochen lassen und gut abschmecken.

WÜRSTELSUPPE UND BACHLKOCH ALS TRADITIONELLE GERICHTE AM HEILIGEN ABEND

In vielen bäuerlichen Familien war und ist der Heilige Abend ein Fasttag ohne Fleisch, und erst nach der Mette gibt es die Würstelsuppe zum Aufwärmen. Der Weg zur Christmette und wieder nach Hause konnte in der vormotorisierten Zeit lange dauern.

In Salzburg kennt man die Mettenwürstel. Diese weißen Würste sind aus Kalb- und Schweinefleisch hergestellt. Sie werden roh gelagert und erst zu Hause im eigenen Kochtopf erstmals gekocht. Durch die Beigabe von Zitrone, Petersilie und verschiedenen Gewürzen erhalten diese Würste ihren einzigartigen Geschmack. Das genaue Rezept wird von Gastwirten und Köchinnen streng geheim gehalten.

Traditionell kocht man am Heiligen Abend in Salzburg das sogenannte Koch oder Bachlkoch, vor allem im Pinzgau.

Bachlkoch

Zutaten:

¼ L	MILCH
2 DAG	MEHL
EINE PRISE	SALZ
1 EL	BUTTER

Zubereitung:
Die Milch wird zum Kochen gebracht, das Mehl langsam mit einem Stielsieb eingestreut und dabei dauernd mit der Schneerute gerührt, damit keine Klümpchen entstehen. Wenn das Koch dicklich geworden ist, nochmals aufkochen, mit einer Prise Salz würzen und mit frischer Butter verbessern. Vor dem Auftragen werden mancherorts noch ein paar Löffel Mus über das Koch gestreut.

Fischsuppe

Zutaten:

700 G	FISCHBEUSCHEL (VERSCHIEDENE FISCH-STÜCKE SOWIE KOPF UND ROGEN)
	BUTTER
	PETERSILIENWURZEL
1	ZWIEBEL
½	ZELLER
½	MUSKATNUSS FRISCH GERIEBEN
	SALZ
	PFEFFER
	INGWER
2 EL	MEHL
	SEMMELSCHNITTEN

Zubereitung:

Die Butter in einer Pfanne erweichen und das Fischbeuschel darin anbraten. Das geputzte und geschnittene Gemüse dazugeben und mitrösten lassen. Mit Wasser aufgießen, aufkochen und die Suppe abschmecken. Mit den Semmelschnitten servieren.

T. Ethofer.   SALZBURG. — MARKT VOR DER COLLEGIUMKIRCHE.

*Am Markt vor der Kollegienkirche bekamen die Salzburger viele
kulinarische Spezialitäten für ihre Weihnachtsgerichte. Rund
um die Kollegienkirche gab es ein reiches Angebot an Fisch, wie
Hausen, Karpfen und Forellen aus den Flüssen des Landes. Eine
Künstlerpostkarte um 1900.*

Weihnachtliche Düfte durchziehen im Advent die Häuser in der Stadt und die Bauernhöfe auf dem Land. Der Lebkuchen spielt in einigen Familien seit Jahrhunderten eine besondere Rolle. Dieser hatte in Nürnberg eine große Tradition. Die Dürer-Stadt lieferte jahrhundertelang die traditionellen Lebkuchengewürze auch nach Salzburg.

Neben Lebkuchen stehen bei den Salzburgern zu Weihnachten Vanillekipferl, Windbäckerei und spezielle Gebildbrote, die mit Dörrobst, Mohn oder Nüssen zubereitet werden, am Speiseplan. Unter einem Gebildbrot versteht man ein Brot oder Gebäck, das die Form einer Figur hat. Es sind Gebäckstücke, die zu religiösen Anlässen hergestellt werden. Gebildbrote entstanden aus Opfergaben und sind schon vorchristlichen Ursprungs. Bekannte Gebildbrote sind Brezel, Zopf oder Stollen. In christlicher Tradition werden sogenannte Christusstollen gebacken, die das in Windeln gewickelte Jesuskind symbolisieren. Weihnachtliche Gebildbrote in Form eines Hirsches sind in den Gebirgsgauen und in Städten wie Fusch an der Glocknerstraße, Krimml, Lofer und Maishofen sehr beliebt. Hennen- und Hahndarstellungen findet man in Lofer oder Wald im Pinzgau.

Die Bäckerei der Familie Weber in der Stadt Salzburg ist seit dem Jahr 1583 als Lebzelterei nachgewiesen. Im Mittelalter war Lebzelterei ein sehr einträgliches Geschäft. Die Meister hüteten sorgsam ihre Rezepte, und die Lebzelterei schien zeitweise eine geheime Kunst zu sein. Bevorzugte Zutaten für diese Feiertags-Leibspeise waren Äpfel, Birnen, Hutzel und Zwetschken. Für die Weihnachtslebzelten gaben sich Lebzelter besondere Mühe, indem sie zusätzlich noch Mandeln, Nüsse und Eidotter verwendeten.

Die Kekse und Bäckereien in Salzburg zeigen eine Verbindung der österreichischen Küchentradition mit jener vieler anderer Länder. Die Gewürze, die dafür verwendet wurden, Anis, Fenchel, Koriander, beweisen, dass schon in früheren Jahrhunderten rege

Handelsbeziehungen über Tirol zum Süden bestanden. Feigen und Datteln, die ebenfalls eingebacken wurden, bezeugen dies ebenso wie Mandeln. Auch der Zucker war ursprünglich nicht heimisch. Er stammt aus Indien und gelangte über Griechenland, Sizilien und Oberitalien in die Salzburger Gegend.

Mostkekse

Zutaten:

20 DAG	MEHL
20 DAG	BUTTER
3½	ESSLÖFFEL MOST

Zubereitung:
Mehl und Butter mit dem Most zu einem Teig verkneten und diesen zugedeckt kühl rasten lassen. Den Teig messerdick ausrollen und große runde Kekse ausstechen. In die Mitte kommt ein Löffel Marmelade, und die Teigscheibe wird zu einem halbkreisförmigen Tascherl zusammengeschlagen. Den Rand fest andrücken. Bei mittlerer Hitze im Rohr goldgelb backen und sofort heiß in Staubzucker wälzen.

Fröhliche Weihnachten!

Die Engel im Himmel sind schon fleißig bei den Vorbereitungsarbeiten für Weihnachten. Es werden Zutaten für die Weihnachtsbäckerei gekauft, der Weihnachtsbaum geschmückt, Geschenke besorgt und viele Besorgungen für die Dekoration des Weihnachtsfestes gemacht. Weihnachtspostkarte um 1960 nach einem Motiv aus dem Spielzeugmuseum in München.

Die Sitte, sich an Heiligabend Geschenke zu überreichen, begann Anfang des 19. Jahrhunderts, als der Weihnachtsbaum in die Salons der bürgerlichen Familien einzog. Der Dichter Heinrich Hoffmann von Fallersleben benennt die beliebtesten Geschenke:

Morgen kommt der Weihnachtsmann
HEINRICH HOFFMANN VON FALLERSLEBEN

Morgen kommt der Weihnachtsmann,
kommt mit seinen Gaben.
Trommel, Pfeifen und Gewehr,
Fahn' und Säbel und noch mehr,
ja ein ganzes Kriegesheer
möchte ich gerne haben.

Bring uns lieber Weihnachtsmann,
Bring auch morgen, bringe
Musketier und Grenadier,
Zottelbär und Panthertier,
Ross und Esel, Schaf und Tier,
lauter schöne Dinge.

Die Mädchen erhielten zumeist Puppen und Spielsachen wie Küchen- und Haushaltsgeräte mit Bezug auf ihre spätere geschlechtsspezifische Rolle in der Gesellschaft des 19. Jahrhunderts. Knaben bekamen oft Geschenke mit Bezug zum Militär, wie Flinte, Säbel oder Trommel. Neu war, dass nicht nur die Kinder, sondern auch die Erwachsenen größere oder kleinere Präsente erhielten.

Aufwändige Spielsachen waren lange Zeit der städtischen Oberschicht vorbehalten. Für die bäuerliche Bevölkerung waren solche Geschenke unerschwinglich. Für Kinder in bäuerlichen Familien war es bis zum Zweiten Weltkrieg üblich, dass sie nichts schenken durften, was sie nicht selber gemacht hatten. Mädchen strickten daher oft ihre Geschenke, Knaben versuchten sich in der bäuerlichen Werkstatt beim Hobeln. Aber auch die Erwachsenen in den bäuerlichen Gemeinden schenkten sich zumeist selbst gefertigte Dinge, wie gestickte Hausschuhe für den Ehemann oder eine blaue Schürze für die Mutter.

In dem Buch »Aschenlauge. Bergbauernleben im Wandel« hat der Soziologe Roland Girtler Erinnerungen von Bergbauern gesammelt. Darin erinnert sich ein Bergbauer an Weihnachten 1939: »Zu Weihnachten haben wir meist Socken, Fäustlinge oder Hauben aus Schafwolle bekommen. Hoch hergegangen ist es, wenn wir einen Kamm erhielten. Einmal war die Freude besonders groß, als jeder von uns einen Taschenkamm mit Spiegel geschenkt bekam. Und einmal fand ich unter dem Christbaum ein hölzernes Schaukelpferd. Es war geschnitzt, hatte Zaumzeug und eine Mähne. Ungefähr einen dreiviertel Meter war es hoch. Dieses Schaukelpferd hatten schon einige Jahre vorher meine größeren Brüder bekommen. Es war für mich das größte Weihnachtsgeschenk, das ich als Kind je bekommen habe.«

Frau Barbara Waß, geboren 1944 in Scheffau an der Lammer, erinnert sich an die wenigen Geschenke, die sie zu Weihnachten 1951, nach dem Zweiten Weltkrieg, in einem kleinen Bergbauernhof bekam. Darunter waren eine warme Unterhose und Strümpfe. Aber an ein Geschenk konnte sie sich noch lange Zeit gut erinnern, ein Radio, das der Vater 1952 gekauft hatte. Mit diesem Radio kam ein Stück moderne Welt in ihre Bergeinsamkeit.

Der Kauf eines Christbaumes für die bäuerliche Stube war für viele Familien bis zum Zweiten Weltkrieg unerschwinglich. Manche jedoch konnten mit einem Baum aus dem eigenen Wald den Tisch schmücken. Eine Künstlerpostkarte um 1910.

DER GLÄSERNE CHRISTBAUM- UND LICHTERSCHMUCK

Der erste Salzburger Christbaum konnte im Hause des Kaufmannes Jakob Koch erst durch seinen Lichterschmuck so großes Aufsehen erregen. Anfangs hängte man Äpfel und Nüsse an die Zweige, gemäß der alten christlichen Tradition, den Apfelbaum aus dem Paradies darzustellen.

Ab 1850 entwickelte sich der gläserne Christbaumschmuck. Der Legende nach konnte ein armer Glasbläser aus dem Ort Lauscha in Thüringen sich im Jahr 1847 die teuren Walnüsse nicht mehr leisten und ersetzte sie durch farbige Kugeln aus Glas. Dies markiert den Beginn der Glaskugelerzeugung in Lauscha, die schon Ende des 19. Jahrhunderts zu einer eigenen Industrie ausgebaut wurde. Auch nach Salzburg wurden die Glaskugeln geliefert.

In der Stadt Salzburg stellte die bekannte Wachszieherei Weinkamer schon seit dem 19. Jahrhundert Kerzen her. Ignaz Weinkamer stammte aus Bayern und übersiedelte im Jahr 1857 nach Salzburg. Er hatte bis 1870 ein Wachsgeschäft beim Kapuzinerbergaufgang in der Linzer Gasse, dann zog er in ein Haus in der Imbergstraße. Er stellte verschiedenste Figuren und Szenen des Weihnachtsfestes aus Wachs her, wie zum Beispiel das Jesuskind, die Geburt Christi, die Flucht nach Ägypten oder die Heilige Familie. Dabei waren die Figuren rund um einen Kern aus Holz mit farbigen Wachsfolien verkleidet, der Kopf aus Wachs gegossen und bemalt. Mit Attributen und Zierrat versehen, standen die Figuren auf einem gedrechselten Holzpostament. Eine Besonderheit war das sogenannte Salzburger Christkindl, ein reizendes Krippenkind aus Wachs. Das kleinste dieser Christkindl aus Salzburg war 20 Millimeter groß, das größte einen halben Meter.

Der bunt geschmückte Weihnachtsbaum erstrahlt unter den vielen Kerzen. Eine Künstlerpostkarte um 1900.

DIE KRIPPE

Im Mittelpunkt des Weihnachtsfestes steht in Salzburg die Krippe, in die das Jesuskind nach der Überlieferung im Lukasevangelium nach der Geburt gelegt wurde.

Die Wurzeln der Krippendarstellungen reichen bis ins Mittelalter zurück. Vom heiligen Franz von Assisi, dem Begründer der Franziskaner, ist überliefert, dass er 1223 in Greccio in der Toskana anstelle einer Predigt das Weihnachtsgeschehen mit lebendigen Menschen und Tieren nachstellte. In der Gegenreformation wurden Anfang des 17. Jahrhunderts die ersten Krippen in den Salzburger Kirchen aufgestellt.

Die Krippenbaukunst hat in Salzburg liebevolle Pflege erfahren, wie die zahlreichen Krippenausstellungen zeigen. Der Salzburger Krippenbauer Xandl Schläffer (1899–1984) aus dem Pinzgau zählt zu den bekanntesten Künstlern der Krippenbaukunst. Manche seiner 800 selbst gefertigten Krippen stehen in ganz Europa, Nord- und Südamerika und in Indien. In Schloss Ritzen in Saalfelden kann man einige dieser Krippen bewundern, darunter auch die großdimensionierte Saalfeldner Heimatkrippe. So berühmt Xandl Schläffer war, er betrieb diese Tätigkeit nie hauptberuflich. Das Krippenbauen war für den Lebenskünstler stimmungsmäßige Saisonarbeit, aber nie gewerbsmäßige Serienproduktion. Seine Figuren haben sizilianische Vorbilder. Diese Figuren bestehen aus einem Holzstab als Körper, an den mit Draht die Köpfe sowie Hände und Füße angesetzt wurden. Dann wurden Gewänder zugeschnitten, in Leim getaucht und appliziert. Die Figuren zeichnen sich durch auffallend lange Gliedmaßen aus.

Die Köpfe sind nicht holzgeschnitzt oder aus Ton geformt, sondern aus einem selbst entwickelten Material in Gips-Modeln gepresst. Xandl Schläffer hat die österreichische Krippenkunst international bekannt gemacht. Bei der Weltkunstausstellung im Rahmen der Sommerolympiade des Jahres 1968 in Mexiko City hat seine Krippe die biblische Geschichte in einer alpenländischen Kulisse gezeigt und viele Bewunderer gefunden. Sie befindet sich heute im Salzburg Museum.

Xandl Schläffer konnte Krippen nur in der Weihnachtszeit gestalten, in der heiligen Zeit. Geld war ihm nicht wichtig. Er wollte vielmehr wissen, wo seine Krippe in Zukunft eine Heimstatt erhalten würde.

Eine Krippendarstellung nach einem Motiv des akademischen Malers Franz Tomaschu (1878–1924), der um die Jahrhundertwende an der Wiener Akademie unter Christian Griepenkerl studierte. Die Weihnachtspostkarte aus dem Jahre 1935 wurde von Salzburg an eine Familie in Schwaz in Tirol versandt.

DER WUNSCHZETTEL AN DAS CHRISTKIND

Das Schreiben der Wunschzettel gehört für Kinder zweifellos zu den Höhepunkten der Weihnachtszeit. Üblicherweise richtet sich der Wunschzettel direkt an das Christkind, wichtigster Bestandteil ist die Auflistung aller Geschenke, ohne Fehler und in schönster Schrift verfasst. Die fertige Wunschliste wird in ein Kuvert gesteckt, an das Christkind adressiert und abends auf die Fensterbank gelegt oder in den Postkasten geworfen.

Karl Heinrich Waggerl hat sich in seiner Erzählung »Die stillste Zeit im Jahr« immer einen Anker-Baukasten gewünscht, diesen aber nie bekommen. Er vermutet, dass seine Missetaten und Bubenstreiche gegen die Erfüllung dieses Wunsches gesprochen haben. Dafür bekam er eine Pudelhaube und Wollstrümpfe.

»Hoffentlich erfüllt das Christkind alle meine Wünsche.« Ein Knabe gibt die Wunschliste an das Christkind im Postkasten auf, um 1900.

Engel stimmen in den Chor der Rorate-Messe auf Erden zum Lied »Tauet Himmel den Gerechten« ein. Eine Weihnachtspostkarte um 1910.

DIE WEIHNACHTSKARTE

Der Engländer Sir Henry Cole erkannte bereits im Jahr 1843 diesen aufkommenden Markt und ließ von einem Illustrator 1.000 Karten mit Weihnachtsmotiven herstellen, die er zum Preis von einem Schilling pro Karte verkaufte. Der Erfolg war nur mäßig, da die Weihnachtskarten sehr teuer waren und es im deutschsprachigen Raum wenig später eine wesentlich günstigere Methode gab, Glückwünsche zu übermitteln, nämlich die sogenannte Korrespondenzkarte.

Der österreichische Nationalökonom Emanuel Herrmann (1839–1902) regte bei der Post eine neue Kommunikation mit Korrespondenzkarten an. Für eine geringere Gebühr, als bei Briefen anfiel, sollten kurze Mitteilungen bis 20 Wörter auf einer Karte zum Preis von zwei Kreuzern versendet werden können. Am 1. Oktober 1869 wurde diese Versandmöglichkeit in Österreich-Ungarn von der Post eingeführt. Um 1900 waren die Postkarten mit verschneiten Berg- und Waldlandschaften sehr populär.

Die Grußkarte zeigt den Salzburger Stier mit Neujahrswünschen. Gemäß einer Legende soll die Stadt Salzburg 1525 belagert worden sein. Dabei sollen die Salzburger Truppen einen Stier jeden Tag mit anderer Farbe bestrichen, die Mauern entlang getrieben, am Abend gewaschen und am nächsten Tag wieder neu bestrichen haben. Die Belagerer gaben daraufhin die Eroberung aufgrund der noch reichen Stiervorräte auf. Seither werden die Salzburger auch Stierwascher genannt. Eine Korrespondenzkarte um 1900.

Viele Menschen erinnern sich an die freudenreiche Zeit, die sie zu Weihnachten erlebt haben. Der Pongauer Schriftsteller Karl Heinrich Waggerl hat das Singen der Weihnachtslieder und den Gang zur Mitternachtsmette am einprägsamsten in Erinnerung behalten. Auch die kulinarischen Genüsse kommen bei Waggerls Erzählungen zum weihnachtlichen Brauchtum seiner Jugend nicht zu kurz, insbesondere die Bratäpfel und die Würstelsuppe bedeuteten für ihn wahre Weihnachtswunder.

Eine besondere Kochspezialität zur Weihnachtszeit ist das Bachlkoch. Im Pinzgau und im Pongau heißt der 24. Dezember auch Bachl- oder Baschltag. Das Wort leitet man von »backen« ab, da zu jedem Weihnachtsfest ein köstliches Backwerk gehört, das eben an diesem Tag gebacken wird. Für Familien mit bäuerlicher Tradition muss der Bauer schon am Morgen für die Bachlschneid sorgen, das heißt, dass er alle Messer im Hause gewissenhaft schleifen muss. Mit dem Messerschleifen vergeht für den Bauern ein großer Teil des Vormittags vor dem Heiligen Abend. Am Nachmittag muss der Bauer den Bachlboschen herrichten, das ist jener Busch aus Fichtenreisig und Stauden, der neben dem Heiligenbild die Bauernstube weihnachtlich schmückt. Ebenfalls am 24. Dezember erfolgt die Reinigung des Hauses. Für den Mann bedeutet dies auch die Reinigung des Kamins. Das Kaminkehren am Bachltag hat symbolische Bedeutung, auch um die bösen Geister zu vertreiben.

Das Bachlkoch wird in den Bauernfamilien Salzburgs aus einer gemeinsamen Pfanne gegessen. Es gibt Bauern, die dafür ein eigenes Kochgeschirr verwenden. Diesem Essen wird auch eine wichtige Funktion zugemessen. So heißt es, dass das Bachlkoch aufgegessen werden muss, sonst bedeutet dies Unglück und Frau Perchta mit ihren bösen Geistern werde den Hof heimsuchen. Allgemein gilt der Bachltag, der Heilige Abend, als Tag mit besonderen

Geheimnissen. Ein weiteres wichtiges Element am 24. Dezember ist das Schmücken des Christbaumes und der Wohnung.

An Heiligabend werden dann noch die letzten Weihnachtsgerichte, wie zum Beispiel der Karpfen, gekocht und die Weihnachtsbäckerei feierlich angerichtet. Zu Mittag gibt es zumeist ein einfaches Gericht, da am Abend ja das weihnachtliche Festmahl folgt. Nach dem Mittagessen zieht die Salzburger Familie ihr Festtagskleid an und man bereitet sich auf das Weihnachtsfest vor.

Am frühen Abend geht die Familie entweder in die Messe oder versammelt sich im Wohnzimmer zu einem kurzen Gebet, bei dem zumeist die Kinder die Weihnachtsgeschichte aus dem Lukasevangelium vorlesen. Anschließend werden Weihnachtslieder gesungen. Ab der anbrechenden Dunkelheit gibt es endlich die Bescherung, zumeist gegen 17 Uhr. Ein Elternteil läutet und die Kinder können in den zuvor meist versperrten Raum eintreten.

Im Zentrum des Raumes stehen der festlich geschmückte Weihnachtsbaum, die Hauskrippe und ein Gabentisch, auf dem sich alle Geschenke befinden. Der Baum erstrahlt heute im Schimmer elektrischer Kerzen und ist bei vielen Familien, wie im Biedermeier, wieder mit Äpfeln, Nüssen und Naschsachen dekoriert. Anschließend werden die Geschenke geöffnet und alle Familienmitglieder versammeln sich um den Baum. Zum Schluss singt man noch Weihnachtslieder und »Stille Nacht, Heilige Nacht«.

Die Weihnachtsbescherung mit zwei Kindern vor dem geschmück-
ten Weihnachtsbaum, um 1960.

DER HEILIGE ABEND AM BAUERNHOF

Die Historiker Heinz Blaumeister und Eva Blimlinger haben in ihrem Buch »Alle Jahre wieder« Erinnerungen an das Weihnachtsfest verschiedener Personen festgehalten, darunter auch von Frauen aus dem Salzburger Land.

Eine von ihnen war Maria Schuster. Sie wurde 1915 auf einem kleinen Bergbauernhof im Lungau als drittes von vierzehn Kindern geboren. Maria wurde Magd und erlebte den Weihnachtsabend bei ihren Dienstgebern. Frau Schuster erinnerte sich, wie sie sich jeweils auf den Nikolaustag freute, denn das war für sie das schönste Fest im Jahr, da bekamen die Kinder Äpfel und Nüsse, ein paar Süßigkeiten und einige Spalten Orangen. Der Advent war eine Zeit der Besinnung, jeden Tag musste eine von den Mägden, stellvertretend für das Haus und auch die Schulkinder, der Roratemesse beiwohnen, die jeden Tag um sechs Uhr begann.

Bei einem großen Bauern, wo Maria im Dienst war, gab es am Heiligen Abend nur eine Brotmilchsuppe, nach Mitternacht aber wurde groß aufgetischt. Schon nach dem Mittagessen wurden das Brot und die Würste an die Hausbewohner verteilt. Eine solche Schweinsbratwurst, die vor dem Austeilen noch ein, zwei Tage in der Selch hängen musste, war etwas Köstliches. Dabei spielte immer der Rang der Dienstboten eine Rolle, denn je niedriger der Rang war, umso kürzer wurde die Wurst. Einen Weihnachtsbaum hat es nach ihren Erinnerungen, die bis kurz nach dem Zweiten Weltkrieg gehen, nur selten gegeben.

DAS PRANGERSTUTZENSCHIESSEN AM HEILIGEN ABEND

In manchen Salzburger Orten gehört zur stillsten Zeit im Jahr auch das Schießen der Prangerstutzenschützen. Am Dürrnberg bei Hallein südlich von Salzburg gibt es eine lange Schützentradition, die sich bis auf das Jahr 1494 zurückführen lässt. Damals bot Erzbischof

Sigismund Soldaten auf, die das Land gegen die einfallenden Türken verteidigen sollten. Unter den Soldaten befanden sich auch einige aus Dürrnberg. Aus der ehemaligen Schützengilde entstand die Brauchtumsvereinigung Dürrnberger Weihnachtsschützen, der ungefähr 50 Schützen angehören. Ihre Bewaffnung besteht aus 30 bis 50 Zentimeter langen Vorderladerpistolen, deren Gewicht zwischen drei und sechs Kilogramm beträgt. Am 24. Dezember findet schon zu Mittag das Christkindl-Einschießen statt. Jeder Schütze böllert um 12 Uhr vor seinem Haus, und bald kracht es in der ganzen Gegend. In der Christnacht treffen sich die Schützen um 22.30 Uhr nahe der Kirche. Hier erfolgt abwechselnd mit den Turmbläsern und der Blechharmonie ein Böllerschießen, ehe mit Schlag Mitternacht eine Generalsalve ertönt. Die Schützen gehen anschließend in die Christmette.

Die Dürrnberger Weihnachtsschützen begrüßen mit ihrem Böllerschießen das Christkind.

BRAUCHTUM AM HEILIGABEND IN
LITERATUR UND LEBENSERINNERUNGEN

Das oben beschriebene Brauchtum lässt sich auch durch die nun folgende ausgewählte Literatur und die Lebensaufzeichnungen von Menschen vor 100 Jahren belegen.

Literatur und eigenes Erleben bestimmen unsere Erinnerungen an das Weihnachtsfest. In kaum einer anderen Zeit des Jahres lesen Menschen mehr als zu Weihnachten, wenn man nach einem anstrengenden Jahr zur Ruhe kommt. An erster Stelle stehen natürlich Weihnachtsgeschichten, die davon erzählen, wie Weihnachten anderswo gefeiert wurde. Nicht zufällig siedelt E.T.A. Hoffmann das Märchen »Nussknacker und Mäusekönig«, Grundlage für das bekannte Ballett »Der Nussknacker«, zu Weihnachten an. Auch Thomas Mann illustriert in seinem Roman »Die Buddenbrooks« die weihnachtliche Stimmung in einer großbürgerlichen Familie.

Ähnlich gut situierte Familien in der Stadt Salzburg nahmen sich diesen bürgerlichen Lebensstil der Buddenbrooks und den weihnachtlichen Schmuck rund um das Weihnachtsfest um 1900 zum Vorbild. Im Salon reicher Bürger der Stadt stand ein großer Weihnachtsbaum, der mit Äpfeln und Nüssen geschmückt war.

In den bäuerlich geprägten Salzburger Gauen hat vielleicht Karl Heinrich Waggerl, der selbst in Wagrain im Pongau lebte und in Bad Gastein geboren wurde, am eindrücklichsten das weihnachtliche Brauchtum beschrieben. Waggerl erinnert sich an die Unterschiede zwischen Weihnachten bei seinem reichen Taufpaten und der eigenen Weihnachtsfeier in seiner Familie im Pongau. In seiner Jugend war an einen Christbaum nie zu denken und Fasttage, wie am Tag des Heiligen Abend, waren nichts Ungewöhnliches, da es auch sonst im Jahreskreis nicht viel zu essen gab. Bei seinem reichen Taufpaten, zu dem er einmal eingeladen wurde und der in einer Villa mit Marmorportal lebte, erblickte er einen reich geschmückten Christbaum mit unzähligen Glaskugeln. Der Tisch war mit Silberbesteck und viel Geschirr gedeckt, mit dem der Knabe nicht gut umgehen konnte, sodass schon bald die schöne weiße Tischdecke mit Preiselbeeren und Eingekochtem beschmutzt war. Die Zahl der Geschenke, die er an diesem Tag von seinem Taufpaten bekam, blieb für Waggerl in unvergesslicher Erinnerung.

In Roland Girtlers Buch »Aschenlauge. Bergbauernleben im Wandel« erinnert sich ein Bauer an ein Weihnachtsfest kurz vor dem Ersten Weltkrieg:

»Zu Weihnachten war es besonders schön. Obwohl man sonst streng und hart gelebt und gearbeitet hat, war Weihnachten eine liebe Stimmung. Es war da wirklich schön. Überhaupt, wenn wir mit dem Vater raucha (Weihrauch verbrennen) gegangen sind, war alles so herzlich. Zuerst hatte die Mutter ein Kletzenbrot gebacken. Dieses musste in einem besonders heißen Backofen gebacken werden. Daher buk man zweimal Brot, bevor man das Kletzenbrot einschließen konnte. Damals war in der Brotkammer die Brotleiter voll von Brot.«

Für viele Kinder, deren Eltern sich ein eigenes Weihnachtsfest finanziell nicht leisten konnten, boten öffentliche Einrichtungen und Klöster die Möglichkeit, trotzdem Weihnachten mit einem Christbaum und einem kleinen Geschenk zu feiern. Auch in Spitälern und anderen öffentlichen Einrichtungen bemühte man sich um ein Weihnachtsfest nach bürgerlichem Vorbild mit Christbaum und Geschenken.

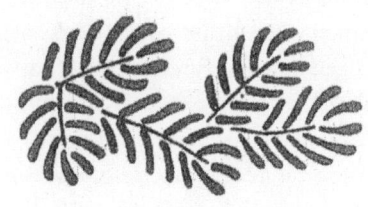

*Die Weihnachtsbescherung mit Großeltern und Familie, mit bunt
geschmücktem Christbaum und zahlreichen Geschenken in einer
bürgerlichen Familie, um 1940.*

Weihnachtslied

OTTO JULIUS BIERBAUM

Maria lag in großer Not,
Mit Lumpen angetan,
In einem Stall zu Bethlehem
Und sah die Stunde nah'n,
Da sie ein Kindlein haben sollt'.
Der Himmel stand in lauter Gold;

Da hub ein Singen an:
»Süße Maria, sei getrost,
Dass um dich ist kein Stall.
Blick um dich, allerholdste Frau,
Und sieh die Gäste all,
Die von weither gekommen sind,
Dich zu begrüßen und dein Kind
Mit Flöt- und Geigenschall.«

Und wie Marie ihr Haupt erhob,
O Wunder, was sie sah:
Es knieten auf der schlechten Streu
Drei goldne Könige da,
Und, wie wenn's ihr Gefolge war,
Ein Heer von Engeln stand umher
Und sang Hallelujah.

Es war ein Licht und war ein Glanz,
Wie sie es nie geseh'n,
Und vor den Tür'n und Fenstern war
Ein Auf- und Niedergeh'n,
Als ging die ganze Welt vorbei;
Da hört sie einen leisen Schrei:
Da war das Glück gescheh'n.

Maria strahlte wie ein Stern
Und hob das Kind empor;
Das war so hold und engelschön,
Wie nie ein Kind zuvor.

Die Wände sanken und die Welt,
Die weite Welt war rings erhellt,
Und alles sang im Chor:
»O seht die Blume, die da blüht,
Die Blume weiß und rot!
Der Kelch ist von der Lilie,
Ein Herz darinnen loht.
Nun ist die ganze Erde licht,
Wir fürchten Schmerz und Trauern nicht
Und fürchten nicht den Tod.

Die Blüte leuchtet uns den Tag,
Und es versank die Nacht,
Und aus der Blüte wird die Frucht,
Die alle fröhlich macht;
Die Frucht, die allen Nahrung gibt,
Der Mensch, der alle Menschen liebt:
Die Liebe ist erwacht.«

Der Chor verklang. Es sank der Stall
In braune Dunkelheit.
Maria gab dem Kind die Brust.
Still ward es weit und breit.
Da ward Marien im Herzen bang,
Sie küsst' ihr liebes Kindlein lang,
Ihr tat ihr Kindlein leid.

Glühwein

Zutaten:

1 FLASCHE	ROTWEIN
500 ML	ZITRONENSAFT
1 BIS 6	GEWÜRZNELKEN
1	ZIMTSTANGE
1	ZITRONE
	ZUCKER

Zubereitung:
Rotwein, Zitronensaft, Gewürznelken und die Zimtstange in einen Topf geben und bis kurz vor den Siedepunkt erhitzen, dann durch ein Sieb in angewärmte Gläser seihen. Die Zitrone in dünne Scheiben schneiden, einschneiden und an jeden Glasrand stecken.

Zubereitungszeit:
ca. 15 Minuten

BAUERNREGELN

- Steckt die Krähe zu Weihnachten im Klee, sitzt sie zu Ostern im Schnee.

- Wenn an Weihnachten der Mond zunimmt, dann ist das Jahr darauf gut gesinnt.

- Spielen zu Weihnachten die Mücken, wird sie zu Johannes (24. Juni) die Kälte zwicken.

Süßer die Glocken nie klingen
FRIEDRICH WILHELM KRITZINGER

Süßer die Glocken nie klingen
Als zu der Weihnachtszeit:
's ist, als ob Engelein singen
Wieder von Frieden und Freud'.
Wie sie gesungen in seliger Nacht,
Glocken, mit heiligem Klang
Klingt doch die Erde entlang!

O, wenn die Glocken erklingen,
Schnell sie das Christkindlein hört.
Tut sich vom Himmel dann schwingen
Eilet hernieder zur Erd'.
Segnet den Vater, die Mutter, das Kind
Glocken mit heiligem Klang,
Klingt doch die Erde entlang!

Wiegenlied
ACHIM VON ARNIM UND CLEMENS BRENTANO

Guten Abend, gut' Nacht,
mit Rosen bedacht,
mit Näglein besteckt,
schlüpf unter die Deck'.
Morgen früh, wenn Gott will,
wirst du wieder geweckt.

Guten Abend, gut' Nacht,
von Englein bewacht,
die zeigen im Traum
dir Christkindleins Baum.
Schlaf nun selig und süß,
schau im Traum s'Paradies!

Weihnachtsgans

Zutaten für 4 Portionen:

1	KÜCHENFERTIGE GANS, CA. 3 KG
3	ÄPFEL
200 ML	ROTWEIN
100 G	WEISSBROT
2	ZWIEBELN
	BEIFUSS, PETERSILIE
	SALZ, ZUCKER UND ZITRONENSAFT

Zubereitung:

Die Gans waschen und gut abtrocknen. Die Äpfel waschen und das Kerngehäuse so ausstechen, dass ein kleiner Boden stehenbleibt. In die Apfelöffnungen etwas Wein füllen und sie mit Weißbrotstückchen füllen. Die Gans innen und außen salzen, mit den Äpfeln, den geviertelten Zwiebeln und Beifuß füllen, anschließend zunähen. Keulen und Flügel am Rumpf festbinden. Einen Brattopf etwa 1 Zentimeter hoch mit heißem Wasser füllen, etwas Salz hinzufügen, die Gans mit dem Rücken nach unten hineinlegen und den Brattopf auf die untere Schiene in den auf 200°C vorgeheizten Backofen schieben. Sobald der Bratensatz bräunt, wieder heißes Wasser in die Kasserolle gießen, um das verdampfte Wasser zu ersetzen. Die Temperatur nun auf ca. 150°C reduzieren. Die Gans ab und zu mit dem Bratensatz begießen und drehen, damit sie von allen Seiten schön braun wird. Nun die Gans in Portionsstücke zerteilen, mit Rotkohl und Knödeln anrichten und mit Petersilie garnieren.

Zubereitungszeit:

ca. 3 bis 4 Stunden

Neujahrsgruß aus Salzburg

Das verschneite Salzburg mit der Burg Hohensalzburg bei
Vollmond. Eine Künstlerpostkarte um 1910.

Das Turmblasen zu Weihnachten ist in Salzburg nach wie vor ein beliebter Brauch. Eine Weihnachtskarte um 1900.

Musik und Weihnachtslieder spielten in der Stadt Salzburg, dem Wohnort zahlreicher Komponisten wie Wolfgang Amadeus Mozart oder Michael Haydn, schon immer eine große Rolle. Ebenso die Kirchenmusik, die durch die Fürsterzbischöfe gefördert wurde. In Salzburg ist auch heute noch mittelalterliches Liedgut lebendig. Vor diesem Hintergrund ist es nicht verwunderlich, dass das heute bekannteste Weihnachtslied in unserem Kulturkreis, das Lied »Stille Nacht, Heilige Nacht«, in Salzburg entstanden ist.

Den Text zu »Stille Nacht, Heilige Nacht« hatte Joseph Mohr (1792–1848), der Hilfspfarrer in Oberndorf bei Salzburg war, schon im Jahre 1816 in Mariapfarr im Lungau fertiggestellt. Joseph Mohr bat seinen Freund Franz Xaver Gruber (1787–1863), der Dorfschullehrer und Organist im benachbarten Ort Arnsdorf war, ihm dazu eine Melodie zu komponieren. Weil die Orgel zu Weihnachten 1818 in Oberndorf ihren Dienst versagte, entwarf Gruber die Melodie für Gitarrenbegleitung, was die innige Wirkung der Weise noch steigerte. Am 24. Dezember 1818 erklang in der St.-Nikolaus-Kirche in Oberndorf bei Salzburg zum ersten Mal das Lied »Stille Nacht, Heilige Nacht«.

Die Melodie hätte aber nie diese weltweite Bedeutung entfalten können, wenn nicht der Orgelbaumeister Mauracher aus Fügen im Zillertal in Tirol die desolate Orgel nach Weihnachten 1818 repariert und zufällig diese neue Melodie von Gruber gehört hätte. Er nahm die Melodie mit in das Zillertal, wo die Familie Strasser sie in ihr Repertoire an Weihnachtsliedern aufnahm. Im Jahr 1822 soll die Familie Rainer das Lied im Schloss Fügen vor Kaiser Franz I. und Zar Alexander I. gesungen haben.

Die Geschwister Strasser – Amalie, Karoline, Anna und Josef – waren erfolgreiche Handschuhmacher aus Laimach im Zillertal, die diese Melodie 1832 auf der Leipziger Messe als »Tyroler Lied« bei einem Konzert zum ersten Mal vor großem Publikum sangen.

Wenig später ging das Lied in Druck, jedoch ohne den Namen des Komponisten. Viele Wandersängergruppen nahmen das Lied einmal als Tiroler, einmal als Salzburger Chorweise in ihr Repertoire auf. Im Jahr 1836 begann man in Hallein, alljährlich zu Weihnachten das Lied »Stille Nacht, Heilige Nacht« nach der niedergeschriebenen Melodie von Gruber zu singen. Über die Herkunft und Autorenschaft des Liedes herrschte in der Musikwelt Unkenntnis. 1854 wandte sich die Hofkapelle Berlin an das Benediktinerstift St. Peter, um über das ihrer Meinung nach von Michael Haydn stammende Lied Auskunft zu erhalten. Im Jahre 1873 fand der Hofopernkomponist Josef Bletzacher das Lied bei der Weltausstellung in Wien als »Choral of Salzburg« in einem Notenbuch im amerikanischen Pavillon. Im Oktober 1873 konnte Felix Gruber, der Sohn des 1863 verstorbenen Komponisten des Liedes, in einem ausführlichen Artikel an die Salzburger Chronik die Autorenschaft Grubers der Öffentlichkeit nachweisen. 1897 gab es noch einen letzten Streit um die Autorenschaft. Ab 1902 stand für die Fachwelt außer Zweifel, wer der Komponist war.

Heute ist das Lied in mehr als 300 Sprachen und Dialekte übersetzt. Das Lied umfasst insgesamt sechs Strophen, wobei meist nur drei gesungen werden. Der Text wird häufig im Zusammenhang mit der wenige Jahre zuvor erfolgten Befreiung von der napoleonischen Herrschaft gedeutet. Die Stille-Nacht-Kapelle in Oberndorf ist heute eine Touristenattraktion. Alljährlich pilgern tausende Menschen aus aller Welt nach Oberndorf und feiern am 24. Dezember um 17 Uhr die Gedenkmesse zu Ehren der Schöpfer von »Stille Nacht, Heilige Nacht«.

Die Komponisten von »Stille Nacht, Heilige Nacht« mit der St.-Nikolaus-Kirche in Oberndorf bei Salzburg, wo dieses Weihnachtslied zu Weihnachten 1818 zum ersten Mal erklang. Die Postkarte entstand zum Jubiläum dieses Ereignisses im Jahr 1918.

Stille Nacht, heilige Nacht
TEXT: JOSEF MOHR, MELODIE: FRANZ XAVER GRUBER

Stille Nacht! Heilige Nacht!
Alles schläft, einsam wacht
Nur das traute hochheilige Paar.
Holder Knab' im lockigen Haar,
Schlafe in himmlischer Ruh!

Stille Nacht! Heilige Nacht!
Gottes Sohn, o wie lacht
Lieb aus deinem göttlichen Mund,
Da uns schlägt die rettende Stund'.
Jesus in deiner Geburt!

Stille Nacht! Heilige Nacht!
Die der Welt Heil gebracht,
Aus des Himmels goldenen Höhn,
Uns der Gnaden Fülle lässt sehen,
Jesum in Menschengestalt!

Stille Nacht! Heilige Nacht!
Wo sich heut' alle Macht
Väterlicher Liebe ergoss,
Und als Bruder huldvoll umschloss
Jesus die Völker der Welt!

Stille Nacht! Heilige Nacht!
Lange schon uns bedacht,
Als der Herr vom Grimme befreit
In der Väter urgrauer Zeit
Aller Welt Schonung verhieß!

Stille Nacht! Heilige Nacht!
Hirten erst kundgemacht
Durch der Engel Alleluja,
Tönt es laut bei ferne und nah:
Jesus der Retter ist da!

WEIHNACHTEN, DAS FEST DER RUHE UND STILLE – UND HEUTE?

Weihnachten ist das religiöse Fest der Ruhe und dient der Besinnung auf die Geburt des Erlösers Jesus Christus. Je stärker dieser religiöse Inhalt in den Hintergrund tritt, desto mehr wird es ein bürgerlich-säkulares Fest. Vor allem in der Stadt war das Weihnachtsfest fast nie ein Fest der Stille. Im Lauf des 19. Jahrhunderts entdeckte die Wirtschaft das Fest und produzierte in der vorweihnachtlichen Zeit in großem Maßstab. Heute kommen jedes Jahr neue Weihnachtsmärkte hinzu und die Stände am Christkindlmarkt rund um den Domplatz werden immer größer.

Karl Heinrich Waggerl kam vor 50 Jahren in seinen Betrachtungen über die Weihnachtszeit seiner Jugend immer wieder auf die damalige Situation zu sprechen. Früher, meinte er, war Weihnachten auf Grund der kargen und ärmlichen Umstände in seiner Familie in St. Johann im Pongau nicht leicht, aber er empfand es als freudenreiche Zeit. Und heute? Jeder denkt nur noch daran, was man kaufen kann, was der zu Beschenkende noch nicht hat, was dieser aber oft gar nicht braucht. Am Ende denkt Waggerl über die Frage nach, warum es für uns Menschen heute so schwer geworden ist, Freude zu schenken. Vielleicht, überlegt Waggerl, müssten wir alle wieder ein wenig ärmer werden, um wieder reicher an Freude und Güte gegenüber dem Mitmenschen zu werden.

Der Vater am Christabend
EDUARD VON BAUERNFELD

Ei, wie wimmeln nun die Straßen
Von den froh bewegten Menschen!
Durch die dicht gereihten Massen
Will sich auch ein Stiller drängen.

Seht, ein Bäumlein in den Händen,
biegt er um des Hauses Ecke,
eilt, dass er das Werk vollende
und zur Zeit es noch verstecke!

Was nun will sein Lächeln meinen,
wie er zünde jetzt das Licht?
Allen Jubel seiner Kleinen
trägt er schon im Angesicht.

Frohe Weihnachten

Nach der Bescherung stürmen die Kinder den Weihnachtsbaum.
Vorbei ist das ruhige Fest der Besinnung. Eine humoristische
Weihnachtskarte aus dem Jahre 1925.

Weihnachten im ersten Kriegsjahr 1914. Die Mädchen vor dem ▶
reich geschmückten Christbaum tragen weiße Festtagskleidung,
die Knaben Uniformen mit Säbel und Gewehr.

Weihnachten ist auch das Fest des Friedens. Schon bei der Geburt Jesu vor 2.000 Jahren herrschte jedoch nicht nur Frieden. König Herodes, der Verwalter der römischen Provinz Palästina, befürchtete die Geburt eines neuen Messias, die er mit dem in der Bibel beschriebenen Kindermord in Bethlehem verhindern wollte. Auch während der folgenden 2.000 Jahre herrschte während der Weihnachtszeit nie Frieden auf Erden. Die Christen versuchen bis heute, den Krieg für eine kurze Zeit zu vergessen, oder vereinbaren einen Waffenstillstand zur Weihnachtszeit, damit der weihnachtliche Frieden als wesentliches Element des Festes sichtbar wird.

Kriegserlebnisse rund um Weihnachten blieben den Salzburger Soldaten ein Leben lang in Erinnerung. Dabei spielte auch die Feldpost zu Weihnachten eine zentrale Rolle. Die Postkarten sollten den Lieben zu Hause das Gefühl vermitteln, dass es den Männern im Krieg gut ging.

Weihnachten 1915.

*Ein Soldat der k.u.k Armee schreibt zu Weihnachten 1915 von
der Front eine Weihnachtspostkarte an seine Familie. Ein kleiner
Weihnachtsbaum, darüber das Porträt von Kaiser Franz Joseph,
illustrieren das Bemühen, mitten im Ersten Weltkrieg ein wenig
weihnachtliche Stimmung aufkommen zu lassen. Das Bild wirkt
beinahe friedlich. Die Feldpostkarte entstand nach einem Motiv
des Malers Franz Kuderna (1882–1943).*

Vom Himmel hoch, da komm' ich her
MARTIN LUTHER

Vom Himmel hoch, da komm' ich her.
Ich bring euch gute neue Mär',
der guten Mär' bring ich so viel,
davon ich singen und sagen will.

Euch ist ein Kindlein heut gebor'n
von einer Jungfrau auserkor'n,
das Kindlein so zart und fein,
das soll eur' Freud' und Wonne sein.

Es ist der Herr Christ, unser Gott,
der will euch führ'n aus aller Not.
Er will nur Heiland selber sein,
von allen Sünden machen rein.

Er bringt euch alle Seligkeit,
die Gott der Vater hat bereit,
dass ihr mit uns im Himmelreich
sollt leben nun und ewiglich.

Des lasst uns alle fröhlich sein
und mit den Hirten gehen hinein,
zu sehen, was Gott uns beschert,
mit seinem lieben Sohn verehrt.

Lob, Ehr sei Gott im höchsten Thron,
der uns schenkt seinen ein'gen Sohn;
des freuen sich der Engel Schar
und singen uns solch's neues Jahr.

Weihnachtslied.

O du fröhliche, o du selige
JOHANNES DANIEL FALK

O du fröhliche, o du selige,
gnadenbringende Weihnachtszeit!
Welt ging verloren, Christ ward geboren:
Freue, freue dich, o Christenheit!

O du fröhliche, o du selige,
gnadenbringende Weihnachtszeit!
Christ ist erschienen, uns zu versühnen:
Freue, freue dich, o Christenheit!

O du fröhliche, o du selige,
gnadenbringende Weihnachtszeit!
Himmlische Heere jauchzen dir Ehre:
Freue, freue dich, o Christenheit!

Fröhliche Weihnachten

Eine Schar von Engeln unterstützt das Christkind bei der Bescherung am Heiligen Abend. Unter den zahlreichen Spielwaren sieht man Puppen, einen Teddybären, einen Ball und eine Trompete, um 1930.

O Tannenbaum
ERNST ANSCHÜTZ

O Tannenbaum, o Tannenbaum,
wie treu sind deine Blätter!
Du grünst nicht nur zur Sommerzeit,
nein, auch im Winter, wenn es schneit.
O Tannenbaum, o Tannenbaum,
wie treu sind deine Blätter!

O Tannenbaum, o Tannenbaum,
du kannst mir sehr gefallen.
Wie oft hat nicht zur Weihnachtszeit
ein Baum von Dir mich hoch erfreut!
O Tannenbaum, o Tannenbaum,
du kannst mir sehr gefallen!

O Tannenbaum, o Tannenbaum,
dein Kleid will mich was lehren:
Die Hoffnung und Beständigkeit
gibt Kraft und Trost zu jeder Zeit.
O Tannenbaum, o Tannenbaum,
dein Kleid will mich was lehren.

Kinder rund um den mit Äpfeln und Nüssen geschmückten Weih- ▸
nachtsbaum, eine Künstlerpostkarte um 1930.

Marzipanbrot

Zutaten:

50 DAG	ROHMARZIPAN
20 DAG	NOUGAT
25 DAG	KLEIN GESCHNITTENE BELEGKIRSCHEN
3 BIS 4 EL	RUMROSINEN
	KUVERTÜRE

Zubereitung:

Rohmarzipan zwischen Backpapier dünn ausrollen (ca. ½ Zentimeter). Nougat in dünne Scheiben schneiden und auf Marzipan streichen. Mit Belegkirschen und Rosinen betreuen und leicht andrücken. Marzipan mit Hilfe des Backpapiers zusammenrollen und mit Kuvertüre überziehen.

Weihnachtskarpfen

Zutaten (für 4 Portionen):

1	KARPFEN (CA. 1,5 KG)
	SALZ UND PFEFFER
100 G	BUTTER
2	ZWIEBELN
500 G	CHAMPIGNONS
3 EL	MEHL
750 ML	KLARE SUPPE
200 G	SCHLAGOBERS
1 GLAS	WEISSWEIN
1	ZITRONE

Zubereitung:

Den Karpfen unter kaltem Wasser innen und außen waschen, trockentupfen, salzen, pfeffern und mit 5 EL Butter in eine Pfanne legen. Diese in den auf 200°C vorgeheizten Backofen stellen, dann braten, bis sich unter der Haut Blasen bilden – dann ist der Karpfen halbfertig. Währenddessen gelegentlich mit dem Bratfett begießen. Für die Sauce die Zwiebeln abziehen, fein hacken und in Butter glasig andünsten. Champignons grob schneiden und dazugeben, salzen und pfeffern. Die fertig gebratenen Champignons mit Mehl bestäuben und mit klarer Suppe begießen. Dazu Schlagobers und Weißwein geben, mit Zitronensaft abschmecken. Die fertige Sauce über den halbfertigen Karpfen gießen und noch ca. 15 Minuten goldbraun braten.

Zubereitungszeit:

ca. 45 Minuten

Der Engel bringt im Auftrag des Christkindes den
Weihnachtsbaum zur Bescherung am Heiligen Abend, eine
Weihnachtspostkarte des deutschen Schulvereins, um 1910.

Helle Winternacht
PETER ZIRBES

Rings webt des Winters Frische.
Die Erde ruht und schweigt.
Aus schwarzem Waldgebüsche
der Mond im Osten steigt.

Von blankem Silberflimmern
ist's Schneefeld übersät.
Die Sterne zitternd schimmern
in stiller Majestät.

Ich wandle durch die Heide,
die, ganz in Reif gehüllt,
erglänzt im weißen Kleide,
der Unschuld lieblich Bild.

Still ist's – ich höre schlagen
mein Herz im Busen laut,
als wollt's mir heimlich sagen,
was keinem es vertraut.

Doch leider schweigt es wieder,
da ihm die Rede fehlt,
bald mischt's in meine Lieder,
was es ängstlich quält.

Die Mistel ist eine wundersame Pflanze, die erst in den Wintermonaten, wenn die Bäume kahl sind, richtig sichtbar wird. Die Weihnachtsmistel ist ein immergrüner, kugelförmiger Busch von 60 bis 70 Zentimetern Durchmesser mit breiten, lederartigen Blättern. Die perlenartigen Beeren sind etwa so groß wie Ribiselbeeren und meist weiß oder gelblich. Die Weiße Mistel wächst auf Laubbäumen wie Pappel, Birke, Apfel- und Ahornbaum.

Lange Zeit wurde die Pflanze wegen ihrer geheimnisvollen Zauberkräfte verehrt. Die Druiden ernteten sie mit einer goldenen Sichel und achteten darauf, dass sie nicht zu Boden fiel, denn sonst würde sie ihre besondere Wirkung einbüßen. Männer und Frauen trugen Armbänder, an denen aus Mistelholz geschnitzte Amulette klapperten, und über den Zimmertüren hingen Mistelzweige gegen Hexen und böse Geister. Aufgrund der magischen Wichtigkeit galt die Mistel früher als Allheilmittel.

Zur Wintersonnenwende entfaltet sie angeblich eine spezielle Kraft. Wer sich unter einer Mistel küsst, soll ein glückliches Liebespaar werden. In Salzburg werden Mistelzweige oft über den Hauseingängen angebracht.

Ein Knabe mit Hund und Mistel als Glücksbringer in der Hand, um 1900.

Kommet, ihr Hirten
JOSEPH MOHR

Kommet, ihr Hirten, ihr Männer und Frau'n!
Kommet, das liebliche Kindlein zu schau'n!
Christus, der Herr, ist heute geboren,
den Gott zum Heiland euch hat erkoren.
Fürchtet euch nicht!

Lasset uns sehen in Bethlehems Stall,
was uns verheißen der himmlische Schall!
Was wir dort finden, lasset uns künden,
lasset uns preisen mit frommen Weisen,
Hallelujah!

Wahrlich, die Engel verkündigen heut'
Bethlehems Hirtenvolk gar große Freud':
Nun soll es werden Friede auf Erden,
den Menschen allen ein Wohlgefallen.
Ehre sei Gott!

Fröhliche Weihnacht überall!
HOFFMANN VON FALLERSLEBEN

»Fröhliche Weihnacht überall!«,
tönet durch die Lüfte froher Schall.
Weihnachtston, Weihnachtsbaum,
Weihnachtsduft in jedem Raum!

»Fröhliche Weihnacht überall!«,
tönet durch die Lüfte froher Schall.
Darum alle stimmet in den Jubelton,
denn es kommt das Licht der Welt von des Vaters Thron.

»Fröhliche Weihnacht überall!«,
tönet durch die Lüfte froher Schall.
Licht auf dunklem Wege, unser Licht bist du,
denn du führst, die dir vertrau'n, ein zu sel'ger Ruh'.

»Fröhliche Weihnacht überall!«,
tönet durch die Lüfte froher Schall.
Was wir ander'n taten, sei getan für dich,
dass bekennen jeder muss, Christkind kam für mich.

Auf dem Weg zur Christmette, um 1910.

Teekekse aus Großmutters Kochbuch

Zutaten:

50 DAG	WEIZENMEHL
25 DAG	BUTTER
25 DAG	ZUCKER
½	UNBEHANDELTE ZITRONE (SCHALE)
2	DOTTER
2 BIS 3 EL	MILCH (NOCH BESSER SCHLAGOBERS)
	MILCH ZUM BESTREICHEN
	HAGELZUCKER ODER GEHACKTE MANDELN ZUM BESTREUEN

Zubereitung:

Alle Zutaten zu einem glatten Teig kneten, einen Tag lang kühl rasten lasten. Messerrückendick auswalken. Kekse ausstechen. Mit Milch bestreichen und mit Hagelzucker oder gehackten Mandeln bestreuen. Auf einem befetteten Blech bei 180 Grad backen.

Zubereitungszeit:

ca. 30 Minuten.

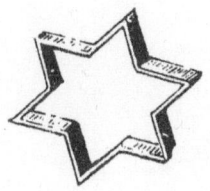

Weihnachtsglocken
RICHARD DEHMEL

Weihnachtsglocken, wieder, wieder
sänftigt und bestürmt ihr mich.
Kommt, o kommt, ihr hohen Lieder,
nehmt mich, überwältigt mich!

Dass ich auf die Knie fallen,
dass ich wieder Kind sein kann,
wie als Kind Herr Jesus lallen
und die Hände falten kann.

Denn ich fühl's, die Liebe lebt, lebt,
die mit ihm geboren wurde,
ob sie gleich von Tod zu Tod schwebt,
obgleich er gekreuzigt wurde.

Fühl's, wie alle Brüder werden,
wenn wir hilflos, Mensch zu Menschen,
stammeln: »Friede sei auf Erden
und ein Wohlgefall'n am Menschen!«

SALZBURGER WEIHNACHTSBROTE

Zu Weihnachten kommen in Salzburg qualitativ bessere Hausbrote auf den Tisch als an normalen Tagen des Jahreskreises. Es werden Kletzenbrot, Weihnachtsstriezel, Gugelhupf, Mohn- und Nussstrudel gebacken. Der dunkle Teig des Kletzenbrotes wird mit den köstlichen Früchten in weißen Brotteig gewickelt und mit Butter bestrichen.

In den Salzburger Gauen gibt es um Weihnachten drei verschiedene Brotsorten, das weihnachtliche Hausbrot, das Kletzenbrot und schließlich den besonderen Heilignachtlaib. In der Regel werden diese Brotsorten vor den Raunächten gebacken. Das Kletzenbrot wird mit sogenannten Kletzen, das können Dörrbirnen, Dörrzwetschken, Feigen oder Weinbeeren sein, gebacken. Das Kletzenbrot wird eingeräuchert, um es vor dem Einfluss der bösen Geister in den Raunächten zu schützen. Der Heilignachtlaib wird am Heiligen Abend gebacken und dreimal geräuchert.

Leise rieselt der Schnee
EDUARD EBEL

Leise rieselt der Schnee,
still und starr ruht der See,
weihnachtlich glänzet der Wald:
Freue dich, Christkind kommt bald!

In den Herzen ist's warm,
still schweigt Kummer und Harm,
Sorge des Lebens verhallt:
Freue dich, Christkind kommt bald!

Bald ist Heilige Nacht,
Chor der Engel erwacht,
hört nur, wie lieblich es schallt:
Freue dich, Christkind kommt bald!

◀ *Das Weihnachtsfest mit einem mit Lametta und Glitzerstreifen
festlich geschmückten Christbaum in einem Lazarett für Soldaten
des Ersten Weltkriegs, eine Weihnachtspostkarte von 1916.*

Morgen, Kinder, wird's was geben
MARTIN FRIEDRICH PHILIPP BARTSCH

Morgen, Kinder, wird's was geben,
morgen werden wir uns freu'n!
Welch ein Jubel, welch ein Leben
wird in unserm Hause sein!
Einmal werden wir noch wach,
heißa dann ist Weihnachtstag!

Wie wird dann die Stube glänzen
von der großen Lichterzahl,
schöner als bei frohen Tänzen
ein geputzter Kronensaal.
Wisst ihr noch vom vor'gen Jahr,
wie's am Weihnachtsabend war?

Wisst ihr noch mein Räderpferdchen,
Malchens nette Schäferin,
Jettchens Küche mit dem Herdchen
und dem blank geputzten Zinn?
Heinrichs bunten Harlekin
mit der gelben Violin?

Welch' ein schöner Tag ist morgen!
Viele Freunde hoffen wir,
Uns're lieben Eltern sorgen
lange, lange schon dafür.
O gewiss, wer sie nicht ehrt,
ist der ganzen Lust nicht wert!

Weihnachtswünsche vom katholischen Universitätsverein in Salzburg. Eine Künstlerpostkarte um 1900.

Es war einmal ein kleines Mädchen, dessen Vater und Mutter gestorben waren. Die Eltern hatten ihr nichts hinterlassen und sie war so arm, dass sie kein Kämmerchen mehr hatte, um darin zu wohnen, und kein Bettchen mehr, um darin zu schlafen.

Irgendwann hatte sie gar nichts mehr außer den Kleidern auf dem Leib und einem Stück Brot in der Hand, welches ihr ein gutes Herz geschenkt hatte. Sie war aber gut und fromm. Und weil sie so von aller Welt verlassen war, ging sie im Vertrauen auf den lieben Gott hinaus ins Ungewisse. Da begegnete ihr ein armer, alter Mann, der sprach: »Ach bitte, ich bin so hungrig. Gib mir etwas zu essen!«

Da reichte sie ihm das ganze Stück Brot und sagte: »Gott segne's dir!«, und ging weiter.

Da kam ein Kind, das jammerte und sprach: »Es friert mich so an meinem Kopfe! Bitte schenk mir etwas, womit ich ihn bedecken kann.«

Da nahm sie ihr Mützchen ab und gab es ihm. Und als sie noch ein Stück gegangen war, kam wieder ein Kind, das hatte kein Leibchen an und fror. Da gab sie ihm seins. Und noch ein Stück weiter, da bat eins um ihr Röcklein und das gab sie auch noch hin.

Endlich gelangte sie in einen Wald. Es war schon dunkel geworden. Da kam noch ein Kind und bat um ein Hemdchen. Das fromme Mädchen dachte: »Die Nacht ist dunkel, da sieht mich niemand. Ich kann wohl auch mein Hemd weggeben«, und zog das Hemd ab und gab es auch noch hin.

Und wie es so stand und gar nichts mehr hatte, fielen auf einmal die Sterne vom Himmel und waren lauter harte, blinkende Taler. Und auch wenn sie ihr Hemdlein weggegeben hatte, so hatte sie ein neues an und das war vom allerfeinsten Linnen. Da sammelte sie die Taler hinein und war reich für ihr Lebtag.

BRÜDER GRIMM

*Zwei Kinder im Schnee, eine Künstlerpostkarte aus der Jugend-
kunstklasse von Professor Franz Cizek (1865–1946), aus dem
Jahre 1921.*

Schlegl

Zutaten:

40 DAG	GRIFFIGES MEHL
3 DAG	GERM
5 DAG	ZUCKER
¼ L	MILCH
	SALZ
	ZITRONENSCHALE
1	EI
1	DOTTER
8 DAG	BUTTER
10 DAG	ROSINEN

Zubereitung:

Einen Germteig zubereiten und aufgehen lassen. Den ganzen Teig in eine gut befettete Rein legen, nochmals aufgehen lassen. Backen.

Anmerkung:

Im Flachgau wird der ausgekühlte Schlegl in Schnitten geteilt, diese werden in versprudeltes Ei getaucht und in heißem Schmalz schwimmend herausgebacken.

Zubereitungszeit:

ca. 30 Minuten

Der Gasteiner Perchtenlauf zieht im Jahr 1970 mit den Tafel-perchten in Begleitung der sogenannten Nachtanzer am Haus Pacher vorbei.

O Jesulein zart

O Jesulein zart, dein Kripplein ist hart.
O Jesulein zart, wie liegst du so hart!
Schlaf, Kind, tue deine Äugelein zue,
schlaf und gib uns die ewige Rueh.
O Jesulein zart, dein Kripplein ist hart.

Sieh, Jesulein sieh, der Joseph ist hie,
ich bin auch dabei, schlaf sicher und frei.
Schlaf Kind, tue deine Äugelein zue,
schlaf und gib uns die ewige Rueh.
Sieh, Jesulein sieh, der Josef ist hie.

Ei, Esel schweig still, das Kind schlafen will.
Ei, Öchslein nit brüll, das Kind ruehen will.
Schlaf Kind, tue deine Äugelein zu,
schlaf und gib uns die ewige Rueh.
Ei, Esel schweig still, das Kind schlafen will.

Ihr Cherubim singt und Seraphim klingt!
Viel Engel im Stall, die wiegen dich all.
Schlaf Kind, tue deine Äugelein zue,
schlaf und gib uns die ewige Rueh.
Ihr Cherubim singt und Seraphim klingt!

Schlaf Jesulein wohl, nichts hindern soll,
Ochs, Esel und Schaf sind alle im Schlaf.
Schlaf Kind, tue deine Äugelein zue,
schlaf und gib uns ewige Rueh.
Schlaf Jesulein wohl, nichts hindern soll.

DAS KINDLEINWIEGEN UND DIE ENGEL

In vielen Salzburger Klöstern war das Kindleinwiegen schon im Mittelalter ein bekannter Brauch. Im Volk fand das Christuskind großen Anklang. In der Weihnachtsvorstellung stand dem Christkind, auch in künstlerischen Darstellungen, eine Vielzahl an Helfern zur Seite: die Engel.

Rund um die Krippe gab es zahlreiche Darstellungen von Engeln, die die Hirten zur Geburtsstätte Jesu führten. Das Brauchtum hat zu Weihnachten eine große Vielzahl von Engeln zugelassen. Was wären die Weihnachtskarten ohne die Darstellung der Engel und ihrer Vorbereitungen für das Fest?

Beliebt ist bei den Salzburgern das Christbaumgeläute als Baumspitz. Dabei spielen die Engel auf ihren Trompeten und werden durch flackernde Kerzen in Bewegung gehalten.

Engel helfen dem Christkind mit Heiligenschein beim Schmücken des Christbaumes in der winterlichen Landschaft, eine Weihnachtspostkarte um 1910.

Am Weihnachtsbaum die Lichter brennen
HERMANN KLETKE

Am Weihnachtsbaum die Lichter brennen,
wie glänzt er festlich, lieb und mild,
als spräch' er: »Wollt in mir erkennen
getreuer Hoffnung stilles Bild!«

Die Kinder stehen mit hellen Blicken,
das Auge lacht, es lacht das Herz,
o fröhlich seliges Entzücken!
Die Alten schauen himmelwärts.

Zwei Engel sind hereingetreten,
kein Auge hat sie kommen seh'n,
sie geh'n zum Weihnachtstisch und beten
und wenden wieder sich und geh'n.

»Gesegnet seid ihr alten Leute,
gesegnet sei, du kleine Schar!
Wir bringen Gottes Segen heute
dem braunen wie dem weißen Haar.

Zu guten Menschen, die sich lieben,
schickt uns der Herr als Boten aus
und seid ihr treu und fromm geblieben,
wir treten wieder in dies Haus.«

Kein Ohr hat ihren Spruch vernommen,
unsichtbar jedes Menschen Blick,
sind sie gegangen wie gekommen,
doch Gottes Segen blieb zurück.

Der bunt geschmückte Weihnachtsbaum ist bereit für die Bescherung am Heiligen Abend, eine Weihnachtspostkarte um 1900.

Das verschneite Salzburg mit dem Salzachfluss und der Festung Hohensalzburg. Eine Ansichtskarte um 1960.

III

RAUNÄCHTE & PRANGERSTUTZENSCHIESSEN

SILVESTER UND NEUJAHRSTAG

Silvesternacht
Ludwig Thoma

Und nun, wenn alle Uhren schlagen,
So haben wir uns was zu sagen,
Was feierlich und hoffnungsvoll
Die ernste Stunde weihen soll.

Zuerst ein Prosit in der Runde!
Ein helles und aus frohem Munde!
Ward nicht erreicht ein jedes Ziel,
Wir leben doch, und das ist viel.

Noch einen Blick dem alten Jahre,
Dann legt es auf die Totenbahre!
Ein neues grünt im vollen Saft!
Ihm gelte unsre ganze Kraft!

Wir fragen nicht: Was wird es bringen?
Viel lieber wollen wir es zwingen,
Dass es mit uns nach vorne treibt,
Nicht rückwärts geht, nicht stehen bleibt.

Nicht schwächlich, was sie bringt, zu tragen,
Die Zeit zu lenken, lasst uns wagen!
Dann hat es weiter nicht Gefahr.
In diesem Sinne: Prost Neujahr!

Die Raunächte werden im Volk seit vorchristlicher Zeit in Verbindung mit bösen Geistern und Dämonen gebracht. Diese zwölf Nächte zwischen der Wintersonnenwende und dem 6. Jänner sind sehr stark mythologisch behaftet. In Salzburg und vielen Alpenländern hat sich zur Abwehr von Dämonen ein eigenes Brauchtum entwickelt. Indem man sein Haus mit Weihwasser besprengt oder alle Räume räuchert, kann man sich vor ihnen schützen. Man räuchert heute mit gelbem Harz, das man auf eine Rauchpfanne über glühende Kohlen legt. Dabei werden ätherische Düfte frei. Der Begleiter besprengt zur selben Zeit die Räume mit Weihwasser.

Die Bezeichnung Raunächte kommt vom mittelhochdeutschen »rüch« mit der Bedeutung »zottig, struppig«. Viele Frauen lassen am Heiligen Abend in Salzburg keine Wäsche hängen, da sonst im kommenden Jahr ein Unglück geschieht. Im Volksmund ist es ratsam, ein Körbchen Weihnachtsbäckerei, ein aromatisches Stück Geselchtes oder ein Stück Speck in der Wohnung zu haben. Damit lassen sich böse Geister am besten abhalten.

Die Perchten, die in vielen Alpenländern bis heute die bösen Geister repräsentieren, haben es während der Raunächte auf diese Köstlichkeiten abgesehen. Frau Perchta, die Namensgeberin aller Perchten, ist die Anführerin. Der Volksmund will wissen, dass Frau Perchta in den Raunächten von den Bergen herabsteigt und für Recht und Ordnung sorgt. Sie übt soziale Kontrolle aus, achtet auf Zucht und Ordnung und straft Übeltäter.

Das wilde Treiben der Perchten wurde im Zuge der Gegenreformation zunehmend als unchristlicher Aberglaube abgetan und es gab Bestrebungen seitens der Fürsterzbischöfe von Salzburg, dieses Brauchtum zu unterbinden. Eine Renaissance erlebten die Perchtenkulte in Salzburg erst wieder mit der

Säkularisierung und der sich ändernden Einstellung zur Volks-
kultur im 19. Jahrhundert.

Heute gibt es in Salzburg viele Perchtenläufe im Umkreis der
vier Raunächte, das sind die Nächte vor dem heiligen Nikolaus am
6. Dezember, die Nacht zur Wintersonnenwende am 21. Dezember,
die Nacht zum Jahreswechsel und die Nacht vor dem Dreikönigstag am 6. Jänner.

Eine Krampuspass mit abgenommenen Masken im Gasteinertal.

Lasst uns froh das Jahr beschließen
VOLKSLIED

Lasst uns froh das Jahr beschließen,
was es immer auch gebracht!
Mocht' uns manches auch verdrießen,
haben wir doch mehr gelacht
voller Freude, voller Lust,
laut hinaus aus voller Brust.

Lasst uns froh ins Neue schauen,
dass es stets nur Gutes bringt!
Lasst uns blind darauf vertrauen,
dass uns alles wohl gelingt,
was wir planen, was wir hoffen.
Hold steh' uns die Zukunft offen.

Lasst uns froh die Gläser heben
auf ein gutes, neues Jahr!
Fördern soll es unser Streben,
bannen soll es Notgefahr.
Horchet, wie die Glocken klingen!
Frieden sollen sie uns bringen.

DAS BRAUCHTUM ZWISCHEN WEIHNACHTEN
UND DEM JAHRESWECHSEL

In den Nächten rund um die Wintersonnenwende, wusste der Volksglaube, konnten alle Tiere um Mitternacht miteinander reden und der Mensch sie hören und verstehen. Einige Sagen berichteten von Menschen, die ihre Tiere in dieser Nacht belauscht hätten und so erfuhren, dass sie ihre Tiere nicht gut behandelt hätten. Zudem sprachen die Tiere über die Zukunft und konnten das Schicksal der Menschen vorhersagen.

Am 26. Dezember, dem Festtag des heiligen Stephan, werden in Salzburg die Pferde gesegnet. Der heilige Stephanus ist der Patron der Pferde. Am Stephanitag wechselten oft Pferdeknechte und Kutscher ihren Dienstgeber. Die Pferdeknechte gingen an diesem Tag zu ihren neuen Dienstherren und erhielten dort eine Brotzeit. In Salzburg wird dieser Tag auch für Verwandtenbesuche genützt.

Am 27. Dezember, dem Johannistag, wird in den Kirchen Salzburgs der Wein gesegnet. Der Evangelist Johannes, so wird erzählt, soll zum ersten Mal in der Verbannung auf der griechischen Insel Patmos mit dem Wein in Berührung gekommen sein.

Am 28. Dezember übernehmen die Kinder die Herrschaft

Am 28. Dezember wird in der katholischen Kirche der unschuldigen Kinder gedacht, die König Herodes aufgrund der Nachricht der Geburt eines neuen Messias in Bethlehem ermorden ließ. Schon im Mittelalter entwickelte sich der Brauch, dass die Kinder an diesem Tag die Rolle der Erwachsenen übernahmen.

Im Lungau, hier vor allem in der Umgebung von St. Michael, ziehen am 28. Dezember Kinder mit Birkenruten oder frischen Fichtenzweigen in der Hand von Haus zu Haus. Jedem, dem sie begegnen, schlagen sie mit ihren »Lebensruten« auf den Rücken und sagen dazu folgenden Glückwunsch:

Frisch und g'sund, frisch und g'sund,
a freudenreich', glückselig's neues Jahr
und a Christkindl mit an kraust'n Haar.
Nöt klus'n (jammern) und nöt klagen,
bis ich wieder kim z'schlagen.

Mit den Rutenstreichen soll alles Unreine und Böse im Menschen vertrieben werden. Dieses Brauchtum wird auch Bisna-gea genannt, was so viel wie »Ich schlag dich« heißt. Nach alter Tradition bringen diese Schläge Glück.

DAS KLETZENBROTFAHREN IN SALZBURG
UND UMGEBUNG

Zwischen dem 28. und dem 30. Dezember entwickelte sich in Salzburg, und hier vor allem in der Umgebung von Bergheim, ein anderer weihnachtlicher Brauch: das Kletzenbrotfahren. Die Burschen des Ortes Bergheim versammeln sich um acht Uhr in der Früh, ziehen dann mit viel Lärm von Haus zu Haus und bitten:

Habt's net an Habern (Hafer) für unseren Schimmel?

Gemeint ist nicht echter Hafer, sondern eine Gabe für die Burschen. Besonders beliebt ist dabei das Kletzenbrot als Spende. Deshalb nennt man diesen Brauch in den Ortschaften rund um Bergheim, wie Anthering, Fischach, Lengfelden und Nußdorf, auch Kletzenbrotfahren.

Die Tage zwischen Weihnachten und Neujahr werden auch heute noch für Besuche bei Verwandten und Bekannten genutzt. Die Traditionen des Kripperlschauens, des Frisch- und Gsundschlagens, des Kletzenbrotfahrens und des Aperschnalzens sollen die menschlichen Bindungen stärken und die Gemeinschaft in den Alpen fördern.

In Salzburg verabschieden vielerorts Schützen das alte Jahr. In einigen Orten gibt es auch Schützen mit Prangerstutzen. Das sind halbmeterlange Handböller, die ein Gewicht von 15 Kilo und mehr haben können. Das Wort »Prang« leitet sich von Pracht ab. Viele Herrscher in den Alpenländern, wie auch die Fürsterzbischöfe von Salzburg, ließen sich bei Festanlässen von Schützen mit prächtigen Stutzen eskortieren. Am Ende der Zeremonie erfolgte ein Salutschießen.

In der Silvesternacht treffen sich die Dürrnberger Schützen um 18 Uhr. In drei Gruppen gehen sie zu allen Häusern, feuern Ehrensalute ab und wünschen »A guat's Neuchs«, ein glückliches neues Jahr. Danach werden die Schützen oft zu einem Imbiss und zu Schnaps eingeladen. Kurz vor Mitternacht treffen sich die Gruppen nochmals. Mit Dauerfeuer und Salven schießen sie das Neue Jahr bis 15 Minuten nach Mitternacht ein.

In Salzburg, und hier vor allem im Flachgau und Tennengau, gibt es viele Schützenkompanien. Es gibt Bürgerwehren, Garden, Festschützen, Böllerschützen, Prangerstutzenschützen und Handböller- oder Weihnachtsschützen. Zu Silvester hat sich ein eigenes Salzburger Schießen entwickelt, bei dem jede Schützenformation eingebunden ist. Die Schützen in Hallein machen um 15 Uhr den Anfang, ab 16 Uhr haben zahlreiche Schützenkompanien an markanten Punkten in der Stadt Salzburg bereits Aufstellung genommen und feuern ihre Salven ab. Den Abschluss macht die Bürgergarde der Stadt Salzburg, die im Jahr 1287 gegründet wurde. Sie feuert um ca. 16.15 Uhr eine Kanone von der Staatsbrücke über der Salzach ab.

Im ganzen Land Salzburg begrüßen die Kirchenglocken das Neue Jahr. Eine Korrespondenzkarte mit Neujahrswünschen aus Salzburg um 1900.

Turmblasen am Domplatz

Der Domplatz steht in der Stadt Salzburg im Zentrum des Jahreswechsels. Die Glocken des Domes begrüßen das neue Jahr. Rund um den Dom sind zahlreiche Stände mit Glücksbringern aufgebaut. Viele Gäste aus dem In- und Ausland feiern in der Altstadt bis in die Morgenstunden. Traditionell findet auch das Turmblasen von den Kirchtürmen rund um den Domplatz statt.

Zum neuen Jahr

Katharina Goethe, die Mutter von Johann Wolfgang von Goethe, hat folgendes Rezept für ein gutes neues Jahr aufgeschrieben:

»Man nehme zwölf Monate, putze sie ganz sauber von Geiz, Pedanterie und Angst und zerlege jeden Monat in 30 oder 31 Teile, sodass der Vorrat genau für ein Jahr reicht. Es wird jeder Tag einzeln angerichtet aus einem Teil Arbeit und zwei Teilen Frohsinn und Humor. Man füge drei gehäufte Esslöffel Optimismus hinzu, einen Teelöffel Toleranz, ein Körnchen Ironie und eine Prise Takt. Dann wird die Masse sehr reichlich mit Liebe übergossen. Das fertige Gericht schmücke man mit Sträußchen kleiner Aufmerksamkeiten und serviere es täglich mit Heiterkeit und mit einer guten, erquickenden Tasse Tee.«

Ein Gruß aus Salzburg zum neuen Jahr mit winterlichen Ansichten der Stadt und der Burg Hohensalzburg. Eine Korrespondenzkarte um 1910.

Silvester-Linsensuppe

Zutaten für 6 Portionen:

500 G	FASCHIERTES		GEMÜSE- ODER
	SALZ		KLARE RINDS-
	PFEFFER		SUPPE
	CURRYPULVER	700 G	VORGEKOCHTE
500 G	KAROTTEN		LINSEN
¼	KNOLLENSELLERIE	50 G	BUTTER
2	MITTELGROSSE		BOHNENKRAUT
	ZWIEBELN	4	PARADEISER
20 G	BUTTERSCHMALZ	1	BUND PETERSILIE

Zubereitung:

Das Faschierte mit Salz, Pfeffer und etwas Currypulver würzen und zu etwa 1 bis 2 Zentimeter großen Fleischbällchen formen.

Das Gemüse putzen. Zwiebeln und Knollensellerie würfeln. Die Karotten in Scheiben schneiden. Die Fleischbällchen in einem Topf bei wenig Hitze in Butterschmalz vorsichtig anbraten. Das Gemüse mit in den Topf geben und bei häufigem Wenden kurz weiterbraten.

Nun die Linsen in den Topf geben und vorsichtig umrühren. Eventuell etwas heiße Suppe nachfüllen, bis die gewünschte Konsistenz erreicht ist. Die Butter und eine Prise Bohnenkraut hinzufügen und aufkochen. Paradeiser klein schneiden, hinzufügen, vorsichtig unterheben und vom Feuer nehmen. Die Suppe in die Teller füllen und mit der fein gehackten Petersilie bestreuen.

Zubereitungszeit:

ca. 45 Min.

- Ist's in den Zwölf Nächten mild, sind sie milden Winters Bild.

- Bringt St. Stephan (26. Dezember) Wind, die Winzer nicht fröhlich sind.

- Windstill muss St. Stephan sein, soll der nächste Wein gedeih'n.

- Silvesterwind und warme Sonn' werfen jede Hoffnung in den Bronn'.

- Neujahrsnacht still und klar, deutet auf ein gutes Jahr.

- Neujahrsnacht hell und klar, deutet auf ein reiches Jahr.

- Morgenrot am ersten Tag bringt Unwetter und große Plag.

- Wenn es zu Neujahr schneit, gibt es viele Bienenschwärme.

- Neujahrssonnenschein lässt das Jahr fruchtbarer sein.

- Wenn's um Neujahr Regen gibt, oft um Ostern Schnee noch liegt.

- Ein Jahr, das schlecht will sein, stellt sich schwimmend ein.

- Tanzen im Januar die Mucken, muss der Bauer nach dem Futter gucken.

In Salzburg ist es seit Jahrhunderten üblich, den letzten und ersten Tag eines Jahres mit einem Fest, mit Glückssymbolen, Orakelbräuchen und Glückwünschen feierlich zu begehen. Eine Vielzahl der Glücksbringer speist ihre Symbolkraft einerseits aus vorchristlichen Traditionen und andererseits aus dem Aberglauben der Menschen.

Traditionelle Glücksbringer sind heute z. B. Glückspilze, Rauchfangkehrer und Schweine. Rauchfangkehrer gelten als Glücksbringer, da verstopfte Kamine früher oft zu Bränden führten und diejenigen Hausbesitzer, deren Kamine vom Rauchfangkehrer gekehrt worden waren, dahingehend Glück hatten. Dazu kommt, dass sie zumeist auch die ersten Handwerker sind, die durch die Stadt gehen, um ihre Neujahrsgrüße zu überbringen. Vierblättrige Kleeblätter sind äußerst selten und so ist es zu erklären, dass es als Glück gilt, ein Exemplar zu finden.

Das Hufeisen ähnelt in seiner Form einem Halbmond und hat mit seiner unterbrochenen Kreisform eine kultische Bedeutung, wie sie bei den Kelten die Sichel der Druiden hatte. Die Bogenform des Hufeisens soll Unglück und böse Einflüsse abwehren.

In Großarl ist es vereinzelt noch üblich, mit dem Weihnachtsgebäck auch eigene Opferbrote herzustellen, zum Beispiel in Form von Hufeisen. Eines dieser Brothufeisen kommt zum Wohl des Viehs unter das Hausdach. Das zweite Hufeisen kommt zum Schutz gegen Unwetter und Seuchengefahr in den Brunnen oder in den vorbeifließenden Bach und das dritte schließlich lässt man gleich im Backofen, um der Brandgefahr vorzubeugen.

Eine Neujahrskarte voller Glück, repräsentiert durch das Schwein und den prall gefüllten Geldsack, umgeben von einem Kranz von Kleeblättern, um 1910.

Manchmal kommt das Glück von selbst vorbei …

… und dann wieder muss man danach haschen.

Zum Neuen Jahr
EIN BÄUERLICHER NEUJAHRSGRUSS AUS SALZBURG

Tret ma aft ins neue Jahr! Schick viel Flachs und Schafihaar,
Woad und Troad solln guat gedeihn und viel Hennei in da Steign.

Koan Unreim net bei Küah und Kalm, koan grobs Wetta auf da Alm,
a Kindl schick mit krause Haar, aft hätt ma halt a guats neus Jahr.

Spruch für die Silvesternacht
ERICH KÄSTNER

Man soll das Jahr nicht mit Programmen
beladen wie ein krankes Pferd.
Wenn man es allzu sehr beschwert,
bricht es zu guter Letzt zusammen.

Je üppiger die Pläne blühen,
umso verzwickter wird die Tat.
Man nimmt sich vor, sich zu bemühen,
und schließlich hat man den Salat!

Es nützt nicht viel, sich rot zu schämen.
Es nützt nichts, und es schadet bloß,
sich tausend Dinge vorzunehmen.
Lasst das Programm! Und bessert euch drauflos!

*»Ehre sei Gott in der Höhe, Friede auf Erden« – Turmblasen
zum Neujahrswechsel, eine Korrespondenzkarte um 1900 des
Kunstverlages München nach einem Motiv von Ludwig Richter.*

Ach wie laufen doch die Jahre
GERHARD TERSTEEGEN

Ach wie laufen doch die Jahre,
wie verschwindet doch die Zeit,
und ich bleibe von der Bahre
noch bis diesen Tag befreit.
Ich weiß wohl, o Lebenslicht,
dass ein Tag zum andern spricht:
Alles, was von Adams Erben,
Groß' und Kleine müssen sterben.

Doch du hast durch deine Güte
wie ein Wächter mich bewacht,
dass der Tod die Leibeshütte
noch nicht in das Grab gebracht.
Ach wie soll ich das versteh'n,
da doch andre schlafen gehen
und gar viele schon begraben,
die noch nicht mein Alter haben.

Herr, ich bin ja zu geringe
dieser großen Gütigkeit.
Wenn ich mein Verzeichnis bringe
der bisher genoss'nen Zeit,
so entfällt mir aller Mut,
weil die Rechnung gar nicht gut.
Wie viele Jahre sind verdorben,
da ich nicht der Welt gestorben!

Doch ich will auf Mittel denken
und auf Buße sein bedacht,
Jesus kann die Schuld versenken,
die ich bis hierher gemacht.

Lieber Vater, steh mir bei,
dass nur keine Heuchelei
sich in meinem Herzen finde,
wenn ich des mich unterwinde.

Willst du mich noch ferner lassen,
hier in dieser bösen Welt,
ach so hilf mir alles hassen,
was dem Geiste nicht gefällt.
Stärke mich von deiner Höh',
so wird auch das größte Weh,
das mir oft zu schwer geschienen,
mir zu meinem Besten dienen.

Steh mir allezeit zur Rechten,
denn du bist ja Sonn' und Schild,
hilf uns, deinen armen Knechten,
wie und wo und wann du willst.
Wenn die Tage böse sein,
ach so ruf ins Herz hinein:
Lernt euch in die Zeiten schicken,
so wird alles heilsam glücken.

Endlich, wenn der Lauf zu Ende,
so befehl ich meinen Geist
dir in deine treuen Hände,
der du Gott und Vater heißt.
Ach ich freu mich schon darauf,
dass ich nach vollbrachtem Lauf
dort der Freude soll genießen,
wo wir keine Zeit mehr wissen.

Neujahrswunsch
VOLKSLIED

Ein neues Jahr nimmt seinen Lauf,
die junge Sonne steigt herauf.
Bald schmilzt der Schnee, bald taut das Eis,
bald schwillt die Knospe schon am Reis.
Bald werden die Wiesen voll Blumen sein,
die Äcker voll Korn, die Hügel voll Wein.
Und Gott, der ewig mit uns war,
behüt' uns auch im neuen Jahr.
Und ob wir nicht bis morgen schau'n,
wir wollen hoffen und vertrau'n.

Zu Neujahr
WILHELM BUSCH

Will das Glück nach seinem Sinn
dir was Gutes schenken,
sage dank und nimm es hin
ohne viel Bedenken.
Jede Gabe sei begrüßt,
doch vor allen Dingen
das, worum du dich bemühst,
möge dir gelingen.

Silvestersauschädel

Zutaten (für 10 bis 15 Portionen)

1	GANZER SAUSCHÄDEL
	KALTES WASSER
4 EL	SALZ
⅛ L	ESSIG
4	KAROTTEN
3	PETERSILIENWURZELN
1	BUND PETERSILIE
1	SELLERIE
1	PORREE
3	KNOBLAUCHZEHEN
	LORBEERBLÄTTER, SENFKÖRNER, BASILIKUM
5 DAG	ASPIKPULVER
	HOLZSPIESSERL
	ROSA MASCHERL
1	SALZGURKE
5 DAG	MAYONNAISE
1 KL	KETCHUP
1 KG	TOPFENKÄSE
3 BUND	SCHNITTLAUCH
10	PARADEISER
½ KG	FRANZÖSISCHER SALAT
20 DAG	KREN

Zubereitung:

Den Sauschädel in einem großen Kochtopf mit kaltem Wasser gut bedecken. Mit Salz, Essig, Karotten, Petersilien-wurzeln, Petersilie, Sellerie, Porree, Knoblauchzehen und Gewürzen zustellen. So lange kochen, bis das Fleisch kernig weich ist (ca. eine Stunde). Den Schädel herausnehmen und auskühlen lassen. Mit Aspik bestreichen. Die Ohren mit

Holzspießerln aufstellen und mit den Mascherln verzieren. In die Augenhöhlen etwas Mayonnaise, vermischt mit Ketchup füllen und mit dickeren Gurkenscheiben die Augen nachbilden (rosa Schweinsäugerl). Vor den Rüssel eine niedere Schüssel mit würzigem Topfenkäse stellen, worauf ein Kleeblatt aus geschnittenem Schnittlauch gestreut wird. Paradeiser aushöhlen, würzen und mit Französischem Salat füllen. Links und rechts vom Rüssel gefüllte Paradeiser stellen, die mit Mayonnaisetupfern (als Schwammerl) garniert werden. Frisch geriebenen Kren ebenfalls dazustellen.

Zubereitungszeit:
ca. 2 Stunden.

Die Schnabelperchten im Rauristal

Im Rauristal gehen am Vorabend des Dreikönigstages die Schnabelperchten um. Diese Perchten sind eine Sonderform und es gibt sie
nur in Rauris. Mit einem schaurigen Geschrei, »Qua, qua, qua!«,
ziehen sie von Haus zu Haus. Es sind junge Burschen, meist zu
viert oder zu fünft, die mit alten, geflickten Weiberkitteln beklei-
det sind. An den Füßen tragen sie plumpe, aus Stroh geflochtene
Patschen, die sogenannten Dotschn. Ihr 60 Zentimeter langer
Schnabel ist kunstvoll aus einem Tuch gefaltet und mit Holzstäben
verstärkt.

Drei besondere Utensilien gehören zu diesen Vogelperchten:
ein Besen zum Reinigen, eine Schere zum Bauchaufschneiden und
ein geflochtener Korb am Rücken, um Bösewichte und unartige
Kinder mitnehmen zu können. Ihre Aufgabe ist es, in den Bauern-
höfen nach Ordnung und Sauberkeit zu sehen. Deshalb sind an
dem Abend die Stuben besonders sauber und die Kinder besonders
brav. Zuvor haben sie von ihren Eltern nach ihren Streichen und
Unartigkeiten zumeist diese Worte gehört: »Wennst net brav bist,
sag i's da Schnabelpercht. Die nimmt di mit.«

Sollte sich Unrat in den Stuben angesammelt haben, wird dieser
aufgefegt und in den Bauch der Hausherrin gestopft, deshalb die
große Schere. Soweit ist es aber noch nie gekommen, da die Stuben
immer sauber sind. Bevor die Schnabelperchten das Haus verlassen, bekommen sie zumeist eine Geldspende oder ein Schnaps-
stamperl in ihren Schnabel gesteckt.

Die Tresterer im Pinzgau, die Indianer der Alpen

Im Pinzgau hat sich am Vorabend des Dreikönigstages, in der
letzten Raunacht, ein spezielles Brauchtum erhalten. Die Tresterer,

eine einzigartige Ausprägung von Schönperchten, treten seit 1983 in Zell am See, in Stuhlfelden und in Bruck an der Glocknerstraße mit einem Volkstanz auf. Die Tresterer dürften, wie einige andere Perchten in Salzburg auch, tirolerischen Ursprungs sein. Über Südtirol und mit dem Handel über den Brenner nach Salzburg gekommen, zeigen sich bei vielen Masken und Kostümen Ähnlichkeiten mit Karnevalskostümen aus Italien. Die Tresterer sind vergleichbar mit Karnevalstänzern aus Venetien, aber auch mit spanischen und baskischen Moriskentänzern. Tatsächlich hatten die Tresterer vor 1900 ihre Auftritte im Fasching. Erst seit der Wiederbelebung im Jahr 1963 treten sie am Vorabend von Dreikönig auf.

Ein Chronist beschrieb sie 1841 als Tänze der Indianer. Tatsächlich weist ihr Federkopfschmuck Ähnlichkeiten mit jenem von Indianern auf. Ihre Tracht besteht aus einem roten Brokat-Anzug mit Goldstickerei, weißen Stutzen, die mit Lederriemen über rote Lederschuhe gebunden sind, und am Kopf tragen sie Hauben mit Hahnenfedern. Die Tresterer stampfen zur Musik von Klarinetten und Flöten. Es ist ein archaischer Tanz, mit dem die bösen Geister vertrieben werden sollen.

Der Glöcklerlauf

Zu den schönsten Brauchtumsveranstaltungen in der Weihnachtszeit zählt wohl der Glöcklerlauf. Alljährlich am 5. Jänner, am Vorabend des Heiligen Dreikönigstages, treffen sich im Salzkammergut nach Einbruch der Dunkelheit Passen von weiß gekleideten Männern, die bis zu 15 Kilogramm schwere, bunt beleuchtete Kappen tragen. Zur akustischen Untermalung dieses bunten Treibens tragen die Glöckler Ledergürtel mit Glocken. Ziel des Glöcklerlaufes ist, das Heil und den Segen der guten Geister zu gewinnen und die bösen Geister zu vertreiben. Durch die Farbenpracht der mit Kerzen beleuchteten Kappen bietet sich den Zuschauern ein faszinierender Anblick.

Die Schnabelperchten im Rauristal gehen am 5. Jänner von Haus zu Haus und schauen mit Besen, Schere und Butte auf Ordnung in den Salzburger Stuben. Ein Foto aus dem Jahr 1957.

IV.

WETTERKERZEN UND APERSCHNALZEN

DREIKÖNIG UND MARIA LICHTMESS

DER DREIKÖNIGSTAG

Die katholische Kirche feiert am 6. Jänner die Erscheinung des Herrn, im Volksmund ist dieser Tag als Dreikönigstag bekannt. Nach dem Matthäusevangelium kamen Magier von Osten nach Jerusalem, um dem jüngst geborenen König der Juden zu huldigen, dessen aufgehenden Stern sie gesehen hatten. Von Herodes wurden sie nach Bethlehem, dem Geburtsort des Messias, geschickt. Sie folgten dem Stern und huldigten dem Kind, dem sie Gold, Weihrauch und Myrrhe schenkten (Mt. 2,1–12).

Das Sternsingen geht als Brauchtum bis ins hohe Mittelalter zurück.

Die Katholische Jungschar hat heute an dieses Brauchtum des Sternsingens angeknüpft. In Salzburg und in ganz Österreich nehmen rund 85.000 Kinder und Jugendliche am Sternsingen teil und sammeln für Projekte der Mission. Die Spenden der Sternsingeraktion gehen seit jeher in die Dritte Welt. Als Zeichen ihres Besuchs schreiben die Sternsinger der Katholischen Aktion die Anfangsbuchstaben des lateinischen Textes »Christus mansionem benedicat« (»Christus möge dieses Haus segnen«) an den Balken der Haus- oder Wohnungstüre, sehr häufig in Verbindung mit der aktuellen Jahreszahl, z.B.: 20 C + M + B 13.

Der Segensspruch hat noch eine andere Bedeutung. Früher ging man davon aus, dass die Buchstaben für die drei Königsinitialen C + M + B, Caspar, Melchior und Balthasar, standen. Die Gaben, die die Sternkundigen aus dem Morgenland mitbrachten, regten seit jeher die Fantasie der Ausleger der Heiligen Schrift an: Weihrauch, das Harz der verschiedenen Sträucher und Bäume der Gattung Boswellia, Myrrhe, ebenfalls ein Harz, das aus dem Saft des Myrrhenbaumes gewonnen wird, und Gold. Das Gold deutet Jesu Königswürde an, die Myrrhe seinen Tod, der Weihrauch seine Gottheit.

DER DREIKÖNIGSRITT IN ST. GILGEN AM WOLFGANGSEE

Rund um den Wolfgangsee, vor allem in St. Gilgen, ist das Dreikönigsreiten üblich. In St. Gilgen werden die Drei Könige am Abend des Dreikönigstages im Pfarrhof eingekleidet. Danach besteigen sie gemeinsam mit einem Vorreiter die Pferde und reiten, begleitet von weiteren Teilnehmern zu Fuß, auf einer festgelegten Route durch St. Gilgen und singen auf einigen Plätzen Dreikönigs-lieder, wie etwa:

> *Es ziehn aus weiter Ferne drei Könige einher,*
> *sie kamen über Berge und fuhren über's Meer.*
> *Die Könige, die wandern und reiten ohne Rast,*
> *mit ihren Dienern allen, mit ihrer Gabenpracht.*

Der Zug von ungefähr zwanzig Teilnehmern in prächtigen Kostümen endet nach einem Umzug in St. Gilgen vor der Krippe in der Kirche. Nach einer kurzen Krippenandacht löst der Zug sich auf und findet im Gasthof gegenüber der Kirche einen fröhlichen Abschluss.

Rund um das Dreikönigsfest gibt es im Salzburger Flachgau ein besonderes volksmusikalisches Ereignis: das Flachgauer Dreikönigs-singen, das vor gut zwanzig Jahren von Felix Henndorfer und Rein-hard Leitner begründet wurde. In verschiedenen Orten und Kirchen wird so das Wunder der Heiligen Nacht besungen und mit den Drei Königen das Kind in der Krippe besucht.

Die Krippe vor der Kirche in St. Gilgen am Wolfgangsee. Sie ist Mittelpunkt des Dreikönigreitens im Salzkammergut.

DER GASTEINER PERCHTENLAUF

Der Gasteiner Perchtenlauf findet alle vier Jahre am 5. und 6. Jänner von 9 Uhr bis 18 Uhr statt. An dem Zug nehmen 80 bis 140 Perchten teil. An der Spitze steht ein uniformierter Hauptmann, der für Organisation, Wegstrecke und Verpflegung verantwortlich ist. Ihm folgt Frau Perchta, die Mutter aller Perchten. Anschließend kommen die Rösslreiter oder Schnalzer, die dem Zug der Perchten vorangehen. Nun kommt der Vorteufel, der mit Maske, Fell und lauten Schellen den Weg für die folgenden Perchten freihält. Nach den Glockenträgern folgen verschiedene Tafelperchten, die Kappen tragen, wie die Gasteiner Perchtenkappe, die Abrahamkappe oder den kleinen Turm, der eine Höhe von über zwei Metern aufweist. Auffällig ist die Wildkappe, die die wichtigsten Wildtierarten des Gasteiner Tales zeigt, nämlich Hirsch, Reh und Gams. Das Gewicht dieser Kappe beträgt 52 Kilogramm.

Nach der Gruppe der Tafelperchten kommt eine große Schar von Begleitern, wie der lustige Schneider oder der Baumwerker. Die Schiachperchten findet man zumeist am Ende des Zuges. Der Klaubauf trägt einen zottigen Fellmantel und kommt ursprünglich aus Tirol. Neben vielen Teufelsgestalten mit wild verzerrten Fratzenköpfen und gewaltigen Hörnern nehmen auch die Sternsinger, die Heiligen Drei Könige, der Richter, der Mohr und seine Frau, der Türke und seine Frau, der Jäger und der Wilderer am Perchtenumzug teil. Unter den Nachzüglern gefallen besonders der Ölträger, das Schleifermandl, das Körbelweibl, der Rastlbinder, der Briefträger und der Hanswurst.

Zum Schluss des Gasteiner Perchtenlaufs kommen noch Schnabelperchten, die Habergeiß, der Krampus und seine Kramperl aus Bad Gastein und Bad Hofgastein und der Bärentreiber mit seinem zottigen Bären, der tirolerischen Ursprungs ist.

Immer wieder kommt es beim Gasteiner Perchtenlauf zu lustigen Szenen. Mädchen werden von Hexen oder Kramperln eingefangen und vor den Richter geführt oder an Ort und Stelle mit einem zerfransten Hexenbesen »säuberlich« abgekehrt. Der Jäger fängt den Wildschütz und es kommt zu einer Rauferei. Zahlreiche Zuschauer folgen dem Zug und viele Bewohner des Gasteinertales freuen sich auf den Perchtenzug, denn er verheißt ein fruchtbares, erfolgreiches und segensreiches neues Jahr.

Beim Gasteiner Perchtenumzug nehmen einerseits Schönperchten, ▶
wie die Tafelperchten mit turmhohen Kappen in Begleitung ihrer
weiblichen Nachtänzer, teil, andererseits die Schiachperchten, wie
die Teufel mit ihren holzgeschnitzten Masken. Ein Foto aus Bad
Gastein im Jahre 1955.

Dreikönigslied
GEORG THURMAIR UND ADOLF LOHMANN

Nun sehet den Stern, den wir bringen,
ein Licht aus der himmlischen Pracht,
nun höret das Lied, das wir singen,
ein Lied von der Heiligen Nacht.
Wir kamen von weither gegangen,
durch Meere und Wüsten der Welt,
wo alles noch dunkel verhangen,
weil niemand die Erde erhellt.

Die heiligen drei Könige mit ihrem Stern,
sie essen, sie trinken und zahlen nicht gern.

W. WERTHMANN. SC.

Neujahrspunsch

Zutaten (für 6 Gläser):

4 DL	ROTWEIN
10 DAG	ROHZUCKER
2 DL	WEISSWEIN
⅛ L	ORANGENSAFT
¼ L	STARKER TEE
1 DL	RUM

Zubereitung:
Wein, Orangensaft und Zucker erhitzen. Den heißen Tee und den Rum dazugeben, verrühren und ziehen lassen.

Winterzauber in Bad Hofgastein, einem Hauptort des Gasteiner Perchtenlaufs. Eine Ansichtskarte um 1965.

Dreikönigskuchen

Zutaten:

½	WÜRFEL HEFE	50 G	BUTTER
	ODER	2	EIER
1	PÄCKCHEN	80 G	ROSINEN
	TROCKENHEFE	1	BOHNE
250 ML	WARME MILCH	1 EL	OBERS
1 TL	SALZ	100 G	HAGELZUCKER
5 TL	ZUCKER	100 G	MANDEL-
500 G	MEHL		SPLITTER

Zubereitung:

Die Hefe zerbröckeln und in die erwärmte Milch einrühren. In einer großen Schüssel Salz, Zucker und Mehl mischen. Die Butter schmelzen und in das Milch-Hefe-Gemisch gießen, dann mit in die Schüssel geben. Ein Ei verquirlen und ebenfalls dazugeben. Den Teig kneten, bis er schön geschmeidig ist. Dann die Rosinen dazugeben und ebenfalls gut unterheben. Den Teig zugedeckt an einem warmen Ort auf das Doppelte aufgehen lassen.

Den Teig vierteln. Ein Viertel zu einer großen Kugel, dem Mittelstück des Kuchens, formen. Die anderen Viertel halbieren, zu sechs Kugeln formen und in einer Kugel die Bohne (den König) verstecken. Obers und ein Eigelb verquirlen, den Dreikönigskuchen ein wenig flachdrücken und mit dem Gemisch einstreichen. Den Ofen auf 200°C vorheizen, dann in den Ofen schieben und ca. 40 Minuten backen. Den Kuchen mit Hagelzucker und Mandelsplittern verzieren und auskühlen lassen.

Zubereitungszeit: ca. 2 bis 3 Stunden

BAUERNREGELN

- Ist bis Dreikönigstag kein Winter, so kommt auch keiner mehr dahinter.

- Ist Dreikönig hell und klar, gibt's viel Wein in diesem Jahr.

- Ist der Jänner hell und weiß, kommt der Frühling ohne Eis, wird der Sommer sicher heiß.

- Klirrt der Frost im Januar, gibt's ein gutes Erntejahr.

- Lässt der Januar Wasser fallen, lässt der Lenz es gefrieren.

Die Engel besuchen die Krippe Jesu. Künstlerkorrespondenz-karte um 1900.

Nach streng liturgischem Verständnis ist Weihnachten mit dem 12. Jänner zu Ende. Im Brauchtumskalender dauert Weihnachten bis zum 2. Februar, Maria Lichtmess.

In der Zeit zwischen 26. Dezember und dem Faschingsende am Aschermittwoch ist das Aperschnalzen Brauch. Insbesondere hat sich diese Tradition rund um die Stadt Salzburg im Flachgau erhalten. In dieser Zeit treffen sich junge, kräftige Burschen mit ihren zwei bis vier Meter langen Peitschen, um mit ihrem Schnalzen für einen speziellen Brauchtumswettbewerb im Rupertigau, das Rupertigau-Preisschnalzen, zu üben. Der Überlieferung nach vertreiben sie in den Monaten Jänner und Februar mit dem Aperschnalzen den Winter, wie es in der Überlieferung heißt:

Aperschnalzen, Grasausläuten,
hört's ös net von allen Seit'n,
Winter, du saudummer Narr,
wirst denn heuer nimmer gar.

»Goaßl« (Geißel) sagen die Aperschnalzer zu ihrer Peitsche. Sie besteht aus einem rund 70 Zentimeter langen Holzgriff, an dem ein langes, gleichmäßig dünner werdendes Hanfseil montiert ist. Dieses gedrehte Seil wird sorgfältig eingefettet, damit es schwerer wird und trotzdem geschmeidig schwingt. Entscheidend ist das Ende des Seils, das Zipferl, ein kurzes Stück Bastschnur. Dieses quastenähnliche Ding ist entscheidend dafür, dass der Peitschenknall seine charakteristische helle Klangfarbe bekommt.

Wahrscheinlich erfolgte das erste Aperschnalzen um 1730 in der Ortschaft Gois am Fuße des Untersberges. Die besten Salzburger Aperschnalzer kommen nach dem letzten Rupertigau-Preisschnalzen aus den nahen Dörfern, aus Loig, Gois und Wals.

Da das Schnalzen mit diesen langen Peitschen große Kraftanstrengung verlangt, hat man vorher Überrock und Weste abgelegt.

Zum Aperschnalzen stellen die Burschen, meist sind es sieben, neun, elf oder dreizehn, also immer eine ungerade Zahl, sich in einer langen Reihe auf. Den Anfang macht der Kleinste und Schwächste, der den Namen »Aufdraher« führt. Zunächst schwingt er die Peitsche dreimal glatt um seinen Kopf, dann ruft er so laut, dass es auch der letzte in der Reihe noch hören kann: »Aufdraht – oans – zwoa – drei – dahin geht's!« Dann folgen der Reihe nach die anderen. Als letzter schwingt der »Bass«, sein Seil ist das längste und erfordert auch die meiste Anstrengung. Es geht darum, in der Gruppe den Pass, ein gleichmäßiges Knattern des Schnalzens, zu erzeugen. Der Rhythmus darf nicht eckig klingen oder gar unterbrochen werden.

In der Umgebung der Stadt Salzburg zählt das Aperschnalzen bis heute zum Brauchtum rund um Maria Lichtmess. Salzburg vom Kapuzinerberg, eine Postkarte aus dem Jahr 1932.

DIE TAGE ZU MARIA LICHTMESS WERDEN
WIEDER LÄNGER

Im Jahreskreis werden die Tage nun deutlich länger. Die Dauer der Sonneneinstrahlung nimmt zu. Dies weiß auch der Volksmund in Salzburg:

Z'Weihnachten um an Muckengamitzer,
z'Neujahr um an Hahnschrei,
z'Dreikönig um an Hirschensprung und
zu Lichtmess um a ganze Stund.

In der christlichen Tradition werden an diesem Tag die Kerzen in der Kirche und für zu Hause geweiht. Auch so manche Sterbekerze wird an diesem Festtag geweiht. Besonders begehrt für das Haus sind die schwarzen Wetterkerzen, die bei Sturm und Gewitter vor Blitz und Unwetter schützen sollen.

Am Abend des Lichtmesstages versammelt sich die bäuerliche Hausgemeinde vor dem großen Bauerntisch beim Herrgottswinkel, kniet nieder, und jeder Beter brennt ein geweihtes Wachslicht ab, das auf einem Span aufgesteckt ist.

MARIA LICHTMESS UND DER HEILIGE BLASIUS BESCHLIESSEN DIE WEIHNACHTSZEIT

Zu Maria Lichtmess am 2. Februar werden in den Salzburger Kirchen die Christbäume abgeräumt. Auch die Krippenfiguren werden an diesem Tag wieder sorgsam in Papier gewickelt und verstaut. Nach den Festtagen kehrt ein wenig Ruhe ein und mit den länger werdenden Tagen findet man auch wieder leichter in den Arbeitsalltag. Im Besonderen trifft dies auf das bäuerliche Leben zu.

Heutzutage wird im Anschluss an den Lichtmess-Gottesdienst, meist abends, der sogenannte Blasiussegen erteilt. Der Gedenktag des heiligen Blasius wird am 3. Februar gefeiert. Dieser Segen wird mit zwei überkreuzten Kerzen gespendet und beugt dem Volksglauben nach Halserkrankungen vor.

Im Gebiet der größeren Bauerngehöfte ist die Zeit um Maria Lichtmess mit allerlei Lustbarkeiten verbunden, die heute noch in mancher Weiberroas lebendig sind. Dabei handelt es sich um vergnügliche Unterhaltungen, von denen die Männer ausgeschlossen sind. Verirrt sich ein Mann in so eine Runde, ist er jedoch ein willkommenes Opfer allgemeiner Spötteleien. Manchmal hilft dabei auch die Habergoaß, die in einer Wirts- und Bauernstube stets für Aufregung sorgt.

◀ *Diese Weihnachtskarte wurde 1953 von einer Familie aus Salzburg an Verwandte in Hall in Tirol geschickt.*

LITERATURNACHWEIS

Bayr, Rudolf: Stille Nacht, Heilige Nacht. Das Buch vom Weihnachtslied, Salzburg 1965.

Blaumeiser, Heinz, Blimlinger, Eva (Hg.): Alle Jahre wieder. Weihnachten zwischen Kaiserzeit und Wirtschaftswunder, Salzburg 2006.

Burgstaller, Ernst: Österreichisches Festtagsgebäck, Linz 1983.

Dengg, Harald (Hg.): Die Lieder des historischen Halleiner Weihnachtsspiels, Salzburg 2000.

Dengg, Harald (Hg.): Salzburger Perchtenbrauch. Tagungsband zum Salzburger Perchten-Symposion Maske, Mystik, Brauch, Burg Hohenwerfen 1992.

Eidherr, Armin (Hg.): Weihnachten in Österreich. Gedichte und Geschichten, Salzburg 2005.

Girtler, Roland: Aschenlauge. Bergbauernleben im Wandel, Linz 1988.

Gockerell, Nina (Hg.): Weihnachtszeit. Feste zwischen Advent und Neujahr in Süddeutschland und Österreich. Katalog der Ausstellung des bayrischen Nationalmuseums in München von 22. November 2000 bis 4. Februar 2001.

Göttl, Bertl: Der Salzburger Jahreskreis. Lostage, Kräuter und Heilige, Salzburg und Wien 2001.

Haslinger, Adolf: Weihnachten. Dichtung und Wahrheit rund ums Fest, Salzburg 2000.

Hoffmann, E.T.A.: Nussknacker und Mausekönig, 2. Auflage, Stuttgart 1995.

Iser, Wolf Dietrich(Hg.): Schmankerln aus dem Salzburger Land. Kulinarische Streifzüge durch die bodenständige Küche, Linz 1994.

Kammerhofer-Aggermann, Ulrike: Die Gasteiner Perchten, St. Johann 2001.

Kaufmann, Paul: Brauchtum in Österreich, Wien 1982.

Kriechbaum, Reinhard: Weihnachtsbräuche in Österreich, Salzburg 2010.

Läpple, Alfred: Kleines Lexikon des christlichen Brauchtums, Wien 1996

Landau, Michael: Weihnachten, Wien 2005.

Mann, Thomas: Buddenbrooks. Verfall einer Familie, 9. Auflage, Frankfurt am Main 2007.

Reiter, Martin: Weihnachtsbräuche in Österreich, Salzburg 2008.

Rettenbacher, August: Hiatz is Advent. Gedichte, Spiele und Erzählungen für die stillste Zeit, Salzburg 1972.

Ritschel, Karl Heinz: Salzburger Miniaturen, Bd. 2 u. Bd. 4, Salzburg 2001 und 2007.

Sachslehner, Johannes: Weihnachten im alten Wien, Eine nostalgische Zeitreise zu Krampus und Nikolo, Christkind und Christbaum, zu den Gabentischen von anno dazumal, Wien 1999.

Waggerl, Karl Heinrich: Sämtliche Weihnachtserzählungen, Salzburg 1977.

Weber-Kellermann, Ingeborg: Das Weihnachtsfest. Eine Kultur- und Sozialgeschichte der Weihnachtszeit, Luzern und Frankfurt am Main 1978.

Zinnburg, Karl: Salzburger Volksbräuche, Salzburg 1972.

BILDNACHWEIS

Archiv Reinbert Reischenbacher: Seite 87, 138, 159

Archiv Martha Sendlhofer: Seite 13, 16, 42, 151

Archiv Edith Tscharnke: Seite 55, 68

Deutscher Jugendkalender für 1848, Hrsg. Hugo Bürkner, Leipzig
1848: Seite 101

Es war einmal. Ein Bilderbuch von Dresdner Künstlern, Dresden
1862: Seite 139, 140

Schmidt, Ferdinand: Der Weihnachtsbaum, Leipzig 1851: Seite 98

Fotoarchiv »Salon der Nostalgie« Werner Grand: Seite 4, 11, 18,
20, 34, 28, 38, 39, 51, 55, 64, 68,77, 82, 84, 85, 86, 90, 95, 107, 112,
113, 114, 118, 121, 123, 127, 131, 134, 141, 145, 147, 163, 164 oben u.
unten, 166

Fotosammlung Karl Zillinger: Titelbild, Seite 2, 8, 10, 15, 22, 27, 28,
30, 32, 44, 47, 57, 58, 61, 63, 67, 74, 80, 92, 104, 105, 136, 143, 148,
157, 173, 176, 178 , 180, 183, 185, 186

Georg Scherer's illustriertes Kinderbuch, Leipzig 1869: Seite 36

Sächsischer Volkskalender für das Jahr 1842, Hrsg. Gustav Nieritz,
Leipzig 1842: Seite 9

Illustrirte Jugend-Zeitung, 2. Jg. 1847, Leipzig 1847: Seite 182

J. Gaber's Atelier für Holzschneidekunst (Hrsg.): Christenfreude in
Lied und Bild, Leipzig 1855: Seite 116, 171, 177

Traugott, Johann: An der Krippe zu Betlehem, Dresden 1852: Seite
129, 187

Richter, Ludwig (HG.): Alte und neue Volksweisen, Leipzig 1846:
Seite 119

Richter, Ludwig: Für's Haus. Im Winter, Dresden 1858: Seite 24, 54,
125

Richter, Ludwig: Gesammeltes für's Haus, Dresden 1869: Seite 179

Richter, Ludwig: Was bringt die Botenfrau, Erster Tragekorb, Leipzig 1850: Seite 52